建校百年·哈工大人系列丛书

Harbin Institute of Technology

哈工大人在无锡

哈工大无锡校友会 编

哈爾濱工業大學出版社

图书在版编目(CIP)数据

哈工大人在无锡/ 哈工大无锡校友会编
.—哈尔滨：哈尔滨工业大学出版社，2021.8
ISBN 978-7-5603-9116-8

I. ①哈… Ⅱ. ①哈… Ⅲ. ①哈尔滨工业大学-校友-生平事迹-无锡 Ⅳ. ①K820.7

中国版本图书馆CIP数据核字(2020)第196006号

哈工大人在无锡

HAGONGDA REN ZAI WUXI

策划编辑 李艳文 范业婷
责任编辑 付中英 那兰兰
装帧设计 屈 佳
出版发行 哈尔滨工业大学出版社
社 址 哈尔滨市南岗区复华四道街10号 邮编150006
传 真 0451-86414749
网 址 http://hitpress. hit. edu. cn
印 刷 哈尔滨博奇印刷有限公司
开 本 787mm×1092mm 1/16 印张12 字数146千字
版 次 2021年8月第1版 2021年8月第1次印刷
书 号 ISBN 978-7-5603-9116-8
定 价 100.00元

总　序

时光荏苒，风雨沧桑，不知不觉间哈工大已走过百年岁月。回首学校的发展历程，她的每一轮进步跨越、每一次腾飞奋进，无不与祖国的命运紧紧连在一起。特别是中华人民共和国成立后，从全国学习苏联高等教育办学模式的两所大学之一，到首批进入国家“211 工程”和“985 工程”，再到入选国家“双一流”建设 A 类高校名单，哈工大一直得到国家的重点建设，并形成了现在哈尔滨、威海、深圳“一校三区”的办学格局。

当然，哈工大也没有辜负国家的支持与厚望。一直以来，学校秉承“规格严格，功夫到家”的校训，大力弘扬“铭记责任，竭诚奉献的爱国精神；求真务实，崇尚科学的求是精神；海纳百川，协作攻关的团结精神；自强不息，开拓创新的奋进精神”和“铭记国家重托，肩负艰巨使命，扎根东北，艰苦创业，拼搏奉献，把毕生都献给了共和国的工业化事业”的哈工大“八百壮士”精神，主动适应国家需要、积极服务国家建设，以朴实严谨的学风培养了大批优秀人才，以追求卓越的创新精神创造了丰硕的科研成果，成为享誉国内外的理工强校、航天名校。

我始终认为，学生的培养质量是衡量一所大学是否是“双一流”最重要的考核指标，而质量主要是从学生离校走向社会在工作中体现出来的，包括思想品德、工作能力和社会贡献等。经过百年沉淀的哈工大，从 1920 年建校至今，已经培养了几十万名学子。我在这所学校工作了几十年，也见证了一部分同学的成长。他们在学校掌握知识、锤炼品格，然后投身社会，成为各行各业的中坚力量，其中既有党和国家领导人，也有共和国的将军；既有学术界的泰斗，也有科技领域的骨干……当然，还有在许多行业里的领跑者——杰出的企业家。

很幸运，我们身处一个崇尚创新、追求创新、激励创新的时代。不管是传统行业，还是新兴科技行业，都活跃着哈工大人的身影。这些实干力行的国家栋梁在兢兢业业工作的同时，积累了无数的方法和经验，也有道不尽的经历与感受。无论是对母校生活的追忆，还是对当下工作的总结，这些不可多得的人生财富，都非常值得大家借鉴和学习。

恰逢学校百年华诞，哈工大出版社特意编撰了“建校百年·哈工大人系列丛书”，天南海北、各行各业的哈工大人以此为平台，把自己走过的人生之路，真诚又无私地以文字的形式分享出来，为后来者和社会公众提供参考。我认为，这十分有意义，也十分有价值。我向他们致敬，同时也为学校培养出这样的学子感到自豪！而对于广大校友和在校生来说，阅读这些书籍，仿佛有人为你打开了一扇门，特别是身为哈工大人的你会发现，寻找理想、追梦前行的人，不只有你自己，还有许许多多的哈工大人和你一路同行、共同奋斗。

希望广大读者能从本系列丛书中获得启迪，踏上自己人生道路的“英雄之旅”，抒发豪情壮志，成就伟大事业。

杨士勤

序　言

岁月流转，风云变幻。哈尔滨工业大学从风雨飘摇的时代一路走到了21世纪，迎来了它的第一个百年。百年前，以培养铁路技术专业人才为建校目的，到如今，以“立足航天、服务国防”为办学特色，哈工大初心未改，始终沿袭着以工程技术教育和科研为主的传统，走在探索发展、追求创新的最前沿，为国家的发展和民族的进步做出了巨大的贡献。

忆往昔，哈工大光辉璀璨。哈工大是新中国成立后学习苏联高等教育办学模式的两所样板高校之一，是国家首批按照世界知名高水平大学目标重点建设的9所大学之一，2017年学校入选国家“双一流”建设A类高校名单。学校为祖国培养出了党、政、军领导人和100多位大学校长以及80多位两院院士等一大批杰出人才，学校取得的一大批重大科研成果解决了国家工业发展中的关键性难题。学校将在多年的教育科研实践中产生的经验和教训总结为“规格严格，功夫到家”的校训，形成了严谨求实、一丝不苟的教风和学风，并将其作为培养学生的准则。如果要用一个明显的特性来描述一所学校，那哈工大毫无疑问是作风严谨的工科强校。

而在毗邻太湖的江南腹地，有一座风光旖旎的文化名城——无锡。早在百年前，荣氏家族就在这里开启了中国民族工商业的进程，发达的工商贸易使得各种思潮互相碰撞、融合，这里是两弹一星元勋姚桐斌和物理学家及教育家钱伟长的故里，这里也诞生了国学大师钱穆和文学巨匠钱锺书。百余年来，无锡一直都是一座快速融合发展的城市，尤其是在改革开放后，无锡的工商业得到快速发展，更是成为推动中国 GDP 增长的主要城市之一。

北国工科名校与江南工商名城的结合，创造出了诸多不凡的结果。多年来，一批又一批哈工大学子来到无锡扎根，带着扎实的理论、技术和严谨的做事风格，他们为这座城市的血液注入了“哈工大”基因。他们中有的服务于祖国的国防建设，卓有功勋；有的投身于产业发展，服务社会。无论身处什么行业，哈工大人都勤奋踏实，用自己的智慧和汗水践行着实干兴邦的责任，为国家安全和无锡的地方产业及经济发展增添了强大动力。

值此学校百年华诞之际，哈工大无锡校友会精心选编了一批现在无锡各行业拼搏的哈工大校友的经历与事迹，以期各位读者能够从中受益。

刘礼华

2020年6月7日

目 录

丁香花开

——哈工大无锡校友致敬母校百年校庆

太湖明珠，魅力无锡。具有三千年文明脉动的江南古都，历来风土清嘉，人文锦绣，物阜民康，被誉为人杰地灵的“大藩地”。千百年来，人才蔚然，英杰辈出。一代代哈工大人在无锡生活、就业、创业，通过自己的努力，用最美好的青春年华演绎出属于哈工大人的华美篇章。

育人百年方始道，历史书香我自知。回首往昔，我们都曾经怀揣着共同的梦想走进哈工大，都曾经把人生中最美好的岁月、最纯真的情感留在哈工大。从那一刻起，我们无论走到天涯海角，都有着共同而响亮的名字——“哈工大人”，都将永远铭记“规格严格，功夫到家”的校训，都将永远深藏着对母校的热爱与牵挂。

哈工大培养出了两位无锡籍的院士［强文义院士（俄罗斯工程院外籍院士）、任南琪院士（中国工程院院士）］、两位哈工大校长（强文义副校长、任南琪副校长），一位共和国将军（黄永勤校友，神威蓝光超级计算机总设计师），成立了两个研究院（哈工大无锡新材料研究院，哈工大宜兴环保研究院），4 家以哈工大校友为核心骨干的上市公司（法尔胜、华光锅炉、哈工智能、尚沃生物），30 余家高新技术创业企业，600 多位从事国防军工、汽车、能源、电子等行业的优秀校友。

哈工大无锡校友会于 1989 年成立，由时任无锡市副市长华焕林担任会长，由周俊瑞、王传林、冯德泉等 4 人担任副会长，当时记录在册的校友会成员将近 90 人。由于改革开放后多数校友事务繁忙、缺少活动经费及新老校友出现年龄断层等，致使无锡校友会活动逐渐减少。

无锡校友会早期合影

2010年5月26日，在校友总会的关注和指导下以及江苏省校友会的领导下，无锡校友会成功换届，确定了新的领导成员，确立了“服务于在锡校友、服务于母校、服务于地方经济发展”的宗旨，确定了5年校友会的发展规划。目前无锡校友会会长由法尔胜集团副总裁、总工程师刘礼华博士（材料科学与工程学院金属材料及工艺系，1984—1987）担任。目前校友会通讯录中注册的校友有943人，预计在锡总人数超过千人。

哈工大无锡校友会是校友在无锡生活和工作的共同家园。这里是校友感情联络、信息交流的窗口，这里是校友团结互助、合作发展的平台，这里是校友与校友、校友与母校之间联系的纽带。相信在校友总会和省校友会的支持和鼓励下，在刘礼华会长的带动下，在大家的热心支持下，秉承着“搭建哈工大校友资源平台，团结校友的力量为校友服务”的宗旨，我们无锡校友会会办得越来越好，同时将为无锡经济发展、为母校发展、为在锡校友发展做出更大努力！

无锡校友会迎 90 周年校庆合影

老校长杨士勤赠字无锡校友会

杨校长提笔写下“规格严格，功夫到家”，鼓励校友们不忘初心，传承校训。

哈工大无锡校友会秘书处

2020 年 6 月 24 日

校友会邮箱：hit_wuxi@163.com

梅香如故

——哈工大无锡校友风采

活动篇

校友单车环游蠡湖活动

哈工大校友与浙大校友篮球联谊赛

校友中秋农博园活动

校友环蠡湖游活动

校友户外烧烤活动

缘定无锡——单身校友活动

哈工大（威海）学生暑期实习活动

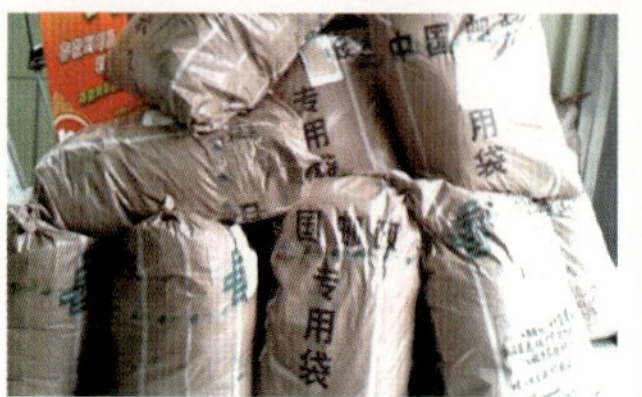
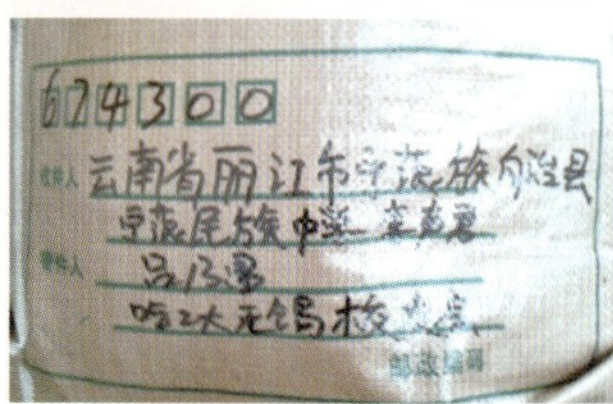

无锡校友捐衣助学活动

无锡校友参观哈工大宜兴环保研究院

机械行业校友参观无锡瑞鼎机床有限公司、无锡务达五金制品有限公司

哈工大化工学院领导与无锡校友座谈交流会

无锡创业校友与苏州校友会交流

哈工大（威海）校友来无锡考察汽车产业，推动产学研合作

哈工大无锡创业校友交流会系列活动

校友参观法尔胜集团

哈工大创业校友丁香论坛暨创业项目对接会（无锡）

第一届哈工大创业校友丁香论坛暨创业项目对接会（无锡）

年会篇

2011 年哈工大无锡校友新春联谊大会

“爱与分享”——2012年哈工大无锡校友新春联谊大会

2013 年哈工大无锡校友新春联谊会

2014 年哈工大无锡校友新春联谊大会

2015 年哈工大无锡校友新春联谊会

2016 年哈工大无锡校友新春联谊大会

2018 年哈工大无锡校友新春联谊会

2019 年哈工大无锡校友新春联谊会

2020 年哈工大无锡校友新春联谊会

无锡校友会迎校庆宣传图

哈工大无锡校友会举办“庆祝 HIT 百年华诞”主题系列活动，近千位在锡校友、校友家属共同祝福母校百年华诞！

迎校庆主题活动之——校旗传递

2019 年 9 月 28 日，哈工大无锡校友会带领无锡校友迎来了母校百年校庆校旗传递活动。在无锡工作和生活的哈工大校友及其家属约 150 人在蠡湖湖畔——无锡大剧院齐聚一堂，共同见证这一激动人心的时刻。

校友会定制了具有无锡特色的校庆文化衫和帽子，校友会秘书长徐昌荣作为本次活动的主持人进行了开场发言，崔庆辛副会长代表无锡校友会送上了对祖国 70 周年、母校 100 周年生日的祝福，同时对 2019 级来锡工作的年轻校友表示热烈欢迎。在一阵热烈的欢迎掌声中，江苏校友总会、无锡校友会会长刘礼华先生发表了致辞，对哈工大百年校庆活动提出了几点要求和希望。他鼓励校友们在后续的一系列活动及捐款方面群策群力，为母校的百年校庆贡献出每个人的力量。

按着工作人员的协调组织，哈工大校友及其家属约 150 人进行了造型航拍。大家共同拼成“哈工大 100”字样的图案，表达了无锡校友对母校的热爱、对百年校庆活动的期待。航拍过程中，大家一起合唱了《歌唱祖国》与《哈工大之歌》，表达无锡校友对祖国、对哈工大的热爱。航拍活动结束后，参与活动的校友进行了校旗与横幅的签字留念活动，共同见证哈工大百年华诞这一历史性进程。

无锡校友会会长刘礼华（左）和副会长崔庆辛（右）致敬

校旗传递活动航拍

校旗传递活动无锡校友合影

迎校庆主题活动之——校旗环湖

2019 年 9 月 28 日上午 10 时，校旗环湖活动正式开始。本次活动分快慢两队，照顾不同体能的校友，其中老年校友有专门的志愿者陪同照顾。尊老爱老一直是哈工大无锡校友会的优良作风。大家手握校旗，一边欣赏蠡湖边的亮丽风景，一边聊着学校与工作的事情，一路欢声笑语。

无锡校友会校旗环湖活动

迎校庆主题活动之——点亮地标

2020 年 6 月 6 日至 6 月 8 日，无锡地标三阳百盛广场的大屏幕上播放的巨幅哈尔滨工业大学百年华诞校庆祝福广告，表达了无锡哈工大人欣喜兴奋的心情，也引起了无锡市民的瞩目和关注。无锡地铁一号线、二号线上哈工大百年校庆电子广告屏点亮，送上了在锡哈工大学子对母校百年华诞的衷心祝福。

无锡校友会迎校庆点亮地标

迎校庆主题活动之——环湖徒步

2020年6月6日清晨，校友及家属们相约蠡湖湖畔参加环湖徒步活动，共庆母校百年华诞。沿湖畔徒步5千米，大家手握校旗、健步行走，一边欣赏江南美景，一边分享学习经历、生活经验，倾诉对母校培养的感恩和对百年华诞的诚挚祝福。

校友签名活动

迎校庆环湖徒步活动

环湖徒步活动合影

迎校庆主题活动之——集体观看“云校庆”

2020 年 6 月 7 日上午，无锡校友怀着喜悦的心情在三阳百盛广场集合，集体观看“云校庆”活动，共同见证这一激动人心的历史时刻。

“云校庆”中丰富多彩的直播节目，带着校友们回顾了母校蓬勃发展的百年历程，重温了大家在哈工大学习的青葱岁月，也激起了大家对母校培养的感恩之情。在场每个热情洋溢的笑脸都传递了对母校最真诚的祝福，祝愿母校生日快乐，在新百年里砥砺前行、再创辉煌！

校友集体观看“云校庆”

校友于无锡三阳百盛广场合影

观看“云校庆”的无锡校友

无锡校友会倡议广大校友要倍加珍惜校友情，牢记“规格严格，功夫到家”的校训，充分发挥哈工大学子的聪明才智，为无锡发展贡献哈工大力量，为母校发展增添无锡荣光！至此，哈工大无锡校友会“庆祝 HIT 百年华诞”主题系列活动在融洽而热烈的氛围中圆满落幕！

江文达

江文达，1939年生于江苏南通。1959年考入哈尔滨工业大学自动控制系火箭控制与稳定专业（59411班），1964年毕业分配到东风导弹试验靶场（酒泉卫星发射中心），成为一名军人。1980年因工作需要调入中国卫星海上测控部。2001年退休后和老伴定居在无锡市。在为航天事业奉献的37年内，先后担任过工程组副组长、组长，总体研究室副主任、主任，中国卫星海上测控部技术部总工程师。亲历了中国近程导弹到洲际导弹的飞行试验，各类卫星及神舟飞船发射升空的全过程。主持“远望一号”“远望二号”测量船测控通信系统技术改造，两船整体技术性能达到20世纪80年代国际先进水平，为我国航天事业的发展和打入国际航天市场做出了重要贡献，为完成后续任务奠定了良好的技术基础；20世纪90年代作为“远望三号”测量船副总设计师，主持测控设备论证试验安装，“远望三号”经过几次中修改造，目前仍在服役。

荣立三等功2次，获科技进步奖15项，其中获国防科工委技术进步奖一等奖1项，并报批获得国家科学技术进步奖二等奖，获国防科工委科技进步奖二等奖6项，1989—1990年度被评为无锡市优秀科技工作者，1990年被评为国家有突出贡献中青年专家并获得证书，1991年获国务院政府特殊津贴和无锡市政府特殊津贴，1996年7月晋升专业技术少将军衔。

逐梦海天谱忠诚　追星揽箭创辉煌

一、母校回忆

我出生在江苏鱼米之乡南通，我的父亲是上海纺织厂的工人，常年在外工作，母亲操持家中事务，养育我们姐弟六人。父母一直鼓励我们姐弟读书上进。最初矢志航天事业来源于一次广播里面得到的信息，至今我仍清晰地记得：1957 年 10 月 4 日，我读高二的时候，苏联发射了世界上第一颗人造地球卫星，当时轰动了全球；次年，又向太平洋发射了远程运载火箭。现在还记得当时中国报纸是这样评论其射击精度的：相当于一个神射手打中了 100 米外一只苍蝇的眼睛。当时的我因此对其产生了浓厚的兴趣，就想报考这个专业。我们班主任知道了我有这个理想后，告诉我哈工大有这个专业，还说这个专业是保密的。怀抱梦想的我高中毕业时就报考了哈工大，并顺利考入这个专业。

我上大学时正是国家最困难的时期，各种物资都匮乏。反映到我们生活上，主要是粮食定量低，每天不到一斤，且多是粗粮，既吃不饱也吃不惯。由于缺煤，暖气烧不足，冬天室内较冷。缺少汽油，储备菜都是同学们到火车站去背回来的。还有一事现在听起来是不可思议的：当时我们还计算每天摄入的卡路里值。由于摄入的热量不足，体育课上只能打打太极拳。虽然生活极度困难，但教学质量从未降低，而且老师都非常负责任，有很高的学术涵养。困难的学生生活是对自己意志的磨砺，我觉得那时候就读哈工大的学生对环境的适应性很强，也更具吃苦耐劳的精神品质。

毕业合影（四排左三）

苦中有乐，记得当时在冰天雪地的哈尔滨我还学会了滑冰，虽然摔得也比较厉害，但是学会了在冰上自由驰骋。困难时期，也凸显人性的光芒，同学和老师之间也是互相帮助，互相友爱。我在大学期间由于营养跟不上，和班上的另外两个同学患了肺结核，三个人住一个房间。有一天我们在窗台上发现了一个刻着我名字的铝制饭盒，里面是满满一饭盒猪油，这东西在当时简直就像黄金一样珍贵。因为有这样温暖无私的集体，加上合理的治疗，我和另外两个得病的同学很快就痊愈了。虽然我一再打听，但至今仍不知这位帮助我们的好心人是谁，现在回想起来心中依旧是感激和温暖。

哈工大原来苏联的教师比较多，所以学校有一年的俄文预科。后因众所周知的原因，中苏关系恶化，苏联的教师都撤走了。1959 年我入学时已全是中国的教授上课了，但专业课教师有不少是留苏生，他们有时也谈起留苏的事，认为他们留苏期间，除了学习专业知识外，更重要的是学会了“怎样学习”。所以，我觉得在大学最大的收获除了专业知识的获得，还有学会了怎样运用资源尽可能去学习。平时不仅记住了教师课堂上讲的知识，还注意联系课堂内容，扩大知识面，学会分析思考，灵活解决各种问题。教学中，学校课程侧重专业基础知识，这样也有益于培养我们对工作的适应性。基础知识犹如地基，地基牢固，加盖任何建筑都会顺利稳当。学校也注重实践，让我们抽出一定的时间到金工车间实习，增强动手能力。

二、东风之旅

1964 年毕业分配，自己当然想分到所学专业对口的单位，比如大学实习时候的几个导弹研制单位，但是最后确定分配到东风导弹试验靶场（即现在的酒泉卫星发射中心），从内心来说是失落的。一是从设计导弹的变成试验导弹的，专业不是很对口；二是戈壁滩生活条件比较差，而且离家非常远。当时大学生都由国家统一分配，自己服从祖国需要的觉悟还是有的，所以还是愉快地到东风导弹试验靶场报到。当时的东风导弹试验靶场设备很落后，国家考虑靶场试验发展的需要，1965 年在靶场成立了“测量通信设备研究所”，来规划靶场的长期建设发展，所以那几年分来的大学生比较多，我就这样加入了航天测控事业。

毕业入伍拍照留念

1966年，我国自行研制的第一代光学和无线电测量设备要入场安装调试。由于是首发设备，进场后要进行精度鉴定，看是否达到设计指标。因当时导弹飞行试验的测量数据，要用于导弹控制系统设计改进，所以对新设备要进行精度鉴定。从资料上看，美国导弹测控设备的精度鉴定有两种方法：一种是硬件比对法，即用更高精度的测量设备弹道照相机测得数据与被鉴定设备比较获得鉴定结果；另一种是软件方法，即最佳弹道估计法。最佳弹道估计法要求参加设备比较多，且每一种设备精度指标都要知道，我们靶场当时没有这种条件，只能采取硬件对比法。所里决定自己研制弹道照相机，成立两个研制小组——硬件组和数据处理组，我被分到硬件组。

美国资料里介绍弹道照相机的测角精度为1角秒，并对这1角秒的值进行误差分配。因为1角秒的精度太高了，我们怕被美国人误导，所以需要做部分试验来证实。20世纪60年代，我们的经济落后，技术条件差，只能在有限的条件下做几个试验。当时选择了两个项目：大气抖动值和底板上的乳剂漂移值。戈壁滩上气候条件恶劣，夏季白天温度很高，太阳暴晒下犹如在烤箱里；而冬季温度很低，膝盖以下冻得失去知觉。我们就在这样恶劣的天气条件下坚持做了一年试验，收集各类天气条件下的数据。测乳剂漂移值没有经费研制底板，只能求助于南京紫金山天文台，请他们援助底板。镜头设计没有电子计算机，三位光学专业的同志用手摇计算机整整摇了一年。他们都没有搞过光学设计，是在上海光仪厂设计人员指导下，完成设计的。三位同志中有一位女同志，叫孟昭先，是哈工大光仪专业和我同届的毕业生，她当时是挺着个大肚子坚持工作的。可惜这位校友20世纪90年代就病逝了，为国防事业奉献了一生。我至今还怀念这位共同奋斗过的战友。

我在弹道照相机的研制任务中，承担研制用于装载在飞机上的闪光光源。其难点是闪光时间要与地面的光学设备摄影时间同步。我琢磨出较为经济的方法解决了这一难题。整个装机设备除闪光灯反光罩是外面协作外，其余电路都是我自己设计并在实验室加工出来的。这是哈工大当时教育中的重实践培养出来的能力。当时不光是我们的设备条件这样艰苦，所有搞"两弹一星"的同志都非常困难、非常辛苦，克服重重艰难险阻和技术封锁，自力更生，完成了很多现在看来难以完成的任务。

我在东风导弹试验靶场工作了近 15 年，用自行研制的弹道照相机，对东风和太原两个靶场的测量设备进行鉴定，在当时艰苦的条件下，我国自行研制的靶场测量设备都满足精度指标。这对我而言是个深刻的教育，非常大的鼓舞，也让我深受感动。当时的光学经纬仪是由王大珩院士带领研制的，除电子设备随元器件进步而做了改进外，其光机部分几十年都能稳定工作；而电子测量设备由陈芳允院士带领研制，质量也很好。他们也都是"863"国家高技术研究发展计划发起人。这些老专家克服重重困难，忠心耿耿为国家工作的优秀品质值得我好好学习，也成为我以后工作中的指路明灯。在这一段时间内，我们小组还研制了用于常规武器试验靶场的广角弹道照相机，用于火炮等武器试验的测试工作。

因导弹射程增加以及同步定点通信卫星发射的星箭分离点在赤道上空，测控系统覆盖范围要由地面向海面延伸。1966 年 9 月，在敬爱的周恩来总理的主持下，专家们对建造海上测量船的问题进行研究，并于 1967 年 7 月 18 日讨论决定研制两艘"远洋综合测量船"。因为计划 1980 年年中要进行洲际弹道导弹全过程飞行试验，需要测量船。这一天为 1967 年 7 月 18 日，就定为"718 工程"。20 世纪 70 年代末期，各种船载设备在江南造船厂装船调试，当时的东风导弹试验靶场"测量通信设备研究所"组织不少同志到江南造船厂参加这一工作，我也是其中的一员，这也成为我以后工作从陆地转为海上的契机。1980 年 5 月 18 日，我国进行了洲际导弹飞行试验，两艘测量船在弹头落区海域完成测量任务，试验获得成功。但两船数据处理的结果偏差较大，存在一个明显的剪刀差。两船建成后由于时间紧，国防科工委批准测量船进行性能校飞后就参加任务，完成任务后再组织精度校飞。

三、远望之航

1980 年 8 月，我正式调入中国卫星海上测控部，在司令部总体研究室任总体组组长，负责测量船的精度校飞工作。通过精度校飞来分离船载设备的误差难度很大，因为陆地上测控设备的站址可以由大地测量精度测定，地基可以做得很稳固。而船的位置和姿态都是动的，测量船的测量数据是船载测量设备对飞行目标测得的数据与对船的位置和姿态测量数据的合成。为了搞好校飞，我和精度校飞组的同志认真论证拟订了校飞方案。整个方案分成两大部分，即停靠江阴码头时的校飞和在青岛近海航行状态下的校飞。校飞设备除了校飞飞机、陆上标准测量设备外，陆上还建立了装有激光合作目标的光标，用船载激光经纬仪在飞机飞出航路拐弯的间隙测陆标反算船的位置。两地校飞共进行了两个半月的时间。通过数据处理，得出以下结论：（1）船载测量船设备本身精度达到设计任务书要求。（2）惯性导航设备，其水平误差源于惯导上的加速计，不随时间漂移，但陀螺误差引起的船位和航向误差，随着时间漂移，是主要误差源。（3）用于校准惯导位置的设备，当时只有子午仪，均方误差达 380 米，最大误差可达 1 000 多米，而且卫星两个小时才过顶一次。所以近海任务还可以用一些补救设备，而远海就很难保证测量精度。

这次测量船精度校飞，是一次复杂的校飞，工作量大，但取得了很好的成果。同时，这也是一次很好的学习机会，让我对整个测量系统有了一个全面了解，为后来测量船的使用及中修技术改造打下技术基础。精度校飞任务完成后，要对测量船中修，同时针对任务及校飞中确定的一些技术上的问题进行一次技术改造。为了做好这次技术改造，从 1984 年 4 月到 1986 年 4 月，在对国外相关技术进行调研的基础上，我和校飞组的同志对技术改造方案进行了论证。1986 年 4 月至 1987 年 9 月，在两船中修期间，我和校飞组的同志实施技术改造任务，方案要点：

1. 提高船姿船位系统测量精度，具体措施：（1）更换惯性导航设备；（2）将光学经纬仪从测控系统划归船姿船位测量系统，并将胶片成像换成电视录像，可在白天和夜晚跟踪测量天体，实时输出船的航向数据，需要时也可以兼顾跟踪测量目标；（3）每船引进两套 GPS 接收机。虽然当时 GPS 还在试验阶段，没有成网，但我们觉得将来对海上定位有较大贡献。

2. 加装 C 频段微波统一测控系统，具有对卫星进行控制的功能。

3. 加装船载卫星通信系统，使岸船通信及数据传输十分方便。

4. 用计算机网络更换原船载中心机，对不能更换的大型设备，用大规模集成电路和计算机进行电路改造。

5. 为了节省经费，我们还自行研制了时间统一系统以及测量船体变形设备的电子线路部分。

自行研发的船体变形测量系统

技术改造后，两条船进行了校飞试验，并完成了一次导弹试验和一次外星发射任务。1990 年 5 月，国防科工委组织了对技术改造工程的技术鉴定，鉴定委员会给予了极高评价，一致认为改造后的远望号测量船测控通信系统整体技术水平达到20世纪80年代国际先进水平。

20世纪80年代中期，受我国经济技术水平限制，国产卫星发射不多，大多是一些试验性的卫星。当时国际上的实用通信卫星，有24个转发器，寿命达10年，我国的只有4个转发器，寿命3年。由于任务不多，航天工业发展慢，相关人才也有流失。为了让大家有事可做，使系统运行正常，国家决定承揽一些外星发射任务。为了保密，西昌卫星发射中心专门修建了卫星测试厂房。由美国人对卫星进行测试，在发射场进行卫星与火箭的对接；卫星的交接靠卫星入轨的轨道根数。为了确保交接任务，我们对以前国内卫星的轨道根数用多种方法重新进行了计算，选择了一种精度适中、数值稳定的计算方法。美方要入轨后20分钟内向他们提供数据，由于我们准备工作充分，实际8分钟就提供了数据。由于首次任务完成顺利，后来还进行了多次外星发射。

与“远望三号”船合影（左一）

20世纪90年代初，为了固体洲际导弹全程飞行试验，国家下达了研制“远望三号”船任务，成立了相关的技术机构。后因固体洲际导弹不进行全过程飞行试验，“远望三号”船划归载人飞船工程。测量船实行双总师制：由708船舶研究所出一名船舶总设计师、一名副总设计师，总装备部测量通信总体研究所出一名测控总师，我代表中国卫星海上测控部出任测控副总设计师。

载人飞船工程测控工作的一个要求是测控覆盖率高，另一个要求是可靠性高。比如美国初期测控覆盖率达到 30%，用了 14 个地面站、2 艘测量船

随“远望三号”船出航过赤道留影

和 1 组测量飞机；苏联测控覆盖率达到 15%~18%，用了 7 个地面站、6 艘测量船。中国用了 7 个地面站，4 艘测量船，达到 12% 地面测控覆盖率，除了“远望一号”“远望二号”船外，还有新建的“远望三号”船和由南极科考船“向阳红 10 号”改装成的“远望四号”船，共同完成测控任务。1999 年 11 月发射试验飞船“神舟一号”，2001 年 1 月发射正样飞船“神舟二号”，均获得圆满成功。直到 2001 年退休，我从事运载火箭、卫星、飞船试验工作 37 年。

37 年中，我有 22 年在远望号船基地工作。我始终牢记远望精神——“奉献、团结、拼搏、严谨、开拓”，并将其贯穿在工作中，时刻注意学

习、创新。特别是20世纪80年代初“远望一号”“远望二号”的精度校飞和80年代中后期两艘“远望号”船的技术改造，是我工作、学习的最佳机会，使我对测量船的技术有了极好的了解，也为其后解决工作中的技术问题打下了基础。记得有一次测量船坞内标校（坞内标校就是在船坞内对齐各设备的零位），我有事没有去，测量过程中出现了标校的闭合差偏大的问题。部里叫我去看看，根据数据分析，可能是大地测量基站有漂移，经复测，确定是附近正在建新船坞引起的基站漂移。经分析重新推导了补偿公式，对原数据进行了补偿，没有进行重新标校，因此节省两周左右的时间及几十万元的用坞费用。

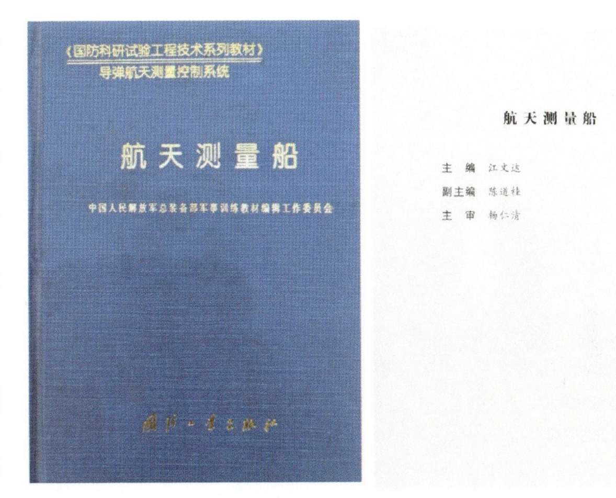

主编科研系列教材丛书

四、真情寄语

导弹、卫星、航天事业是一个涉及面广、技术复杂的系统工程，参加人员千军万马，必须处理好个人和集体、局部和全局的关系。在新中国成立初期，国家底子薄，经济、技术都比较落后，要求有艰苦奋斗的精神。而且这方面的工作要求可靠性高，因为有时候一个小问题会造成大损失。所以“两弹一星”有一个专委会，由周恩来总理亲自担任专委会主任。他提出了十六字方针——严肃认真，周到细致，稳妥可靠，万无一失。在这样一个环境中长期工作，我逐渐形成了“理性、客观、实

无锡市委组织在无锡工作的院士和国家有突出贡献的专家疗养体检时的合影（二排左三）

事求是”的作风。

我从 1964 年参加工作到 2001 年退休，共工作了 37 年，刚参加工作时由于国家经济和科学技术落后，除了工作中困难比较多，生活上也是比较艰苦的。当时有一句笑话，“搞导弹的不如卖茶叶蛋的”，同事们大多数是“月光族”。但生活中的困难并没有削弱我的斗志，我愈加觉得要不忘初心，牢记使命，全心全意做好党交给我的工作。

生活艰苦，工作很忙，当时我经常加班、出差，也经常随“远望号”出海，一走就是好几个月，家里基本顾不上，三个孩子也都交给我爱人照顾。我爱人要上班，还要买菜做饭，实在忙不过来，所幸我的岳母也来我家中帮忙。感谢我的爱人和岳母的辛勤付出，才使我在工作上心无旁骛。对于我自己的父母，因为一两年才能回去探望一次，也不能尽孝心。古人曾说忠孝不能两全，我那时才深深体会到这种锥心之痛。像我这样的情况，我们那一代人中有很多，因为经历过新中国成立初期，我们更深深明白一个道理：落后就要挨打。所以我们能不顾小家顾大家，义无反顾投身到国防建设上来。

我生在农村，在抗日战争时期，小镇上日本侵略者下乡扫荡，父亲就背着我向远离小镇的地方跑，当时并不知道怎么回事。上学后才知道是抗日战争，我家大门和房间内的柜子上还留着日本扫荡时候留下的弹孔。日本侵略使我国遭受了巨大损失，我们不能忘。列宁曾说过："忘记过去就等于背叛。"所以我大学选择了与国防有关的专业，就是要为国防建设出力。只有国家强大了，外人才不敢来犯，我们中国人才能扬眉吐气。这是先辈和我们那一代人克服一切困难险阻、不屈奋斗的动力源泉，也是"两弹一星"不屈精神的动力源泉。改革开放以后，中国经济飞速发展，但国防发展速度不快，与发达国家国防差距可能会拉大。其实我内心是很着急的。1999 年以后，我国国防建设得到快速发展，与发达国家的军备水平差距快速缩小。2015 年，习近平主席对军队进行了军改，使军队的作战水平快速提高，现已可以进行全维度作战，我特别高兴，希望早日看到中华民族伟大复兴。

于北京授少将衔

我的母校哈工大，正如习总书记在给哈工大 100 年校庆贺词中所说的，哈工大为国家"打造了一大批国之重器，培养了一大批杰出人才"。我们要刻苦钻研，为我们国家攀登世界技术高峰做出贡献；越是前沿技术，就越要付出更多的努力。我们还要坚持文化自信，心中装着祖国和人民，艰苦奋斗，砥砺前行，这样我们的国家才能永立于世界民族之林。

最后附上自己写的一首七律，矢志航天，永葆初心不改。

2019 年重返母校

初　心

为求知识别家乡，
远赴冰城哈工大。
寒窗苦读长五载，
换上戎装离校园。
戈壁风沙磨长剑，
大洋波涛追“神舟”。
喜看“天宫”红旗展，
再盼“月宫”慰嫦娥。

（文字整理　张沪玲）

黄永勤

HAGONGDA REN ZAI WUXI

黄永勤，女，汉族，中共党员，1955年出生于北京，1966年随母亲从北京迁至四川，1970年参军，在某部队研究所当战士，五年后任技术员。1978年考入哈尔滨工业大学计算机科学系计算机硬件专业。毕业后回到研究所从事神威超级计算机研制工作，先后担任课题组组长、主管设计师、总设计师助理、副总设计师和国家超级计算机项目总设计师，用团队自研的CPU组成了世界一流的超级计算机。曾获国家科技进步奖特等奖2项、一等奖3项，获全国三八红旗手称号和庆祝中华人民共和国成立70周年纪念章。

登学北国　楫舟学海

我一生都将难忘1978年的那个阳光明媚的秋日：我站在邮局门口，手里攥着哈尔滨工业大学的录取通知书，我最好的朋友在身旁摇着我的手一直说："太好了！太好了！"而我早已激动得脑中一片空白。

在哈工大学习生活期间是我一生中最充实、最快乐的时光。母校不仅使我收获了知识，也使我收获了诚实做人、踏实做事、扎实做学问的行为准则和一辈子的师生情谊，那段时光更是我人生的重要转折点。

"小学生"的"大学梦"

1966年，刚读小学四年级的我随着母亲单位从北京迁到四川"大三线"地区。在农村接着上完小学后便无书可念的我，一个偶然的机会入伍参军了。幸运的是，我被分配到大山里的部队研究所，几年里，我当过炊事员、养过猪、做过粉条、酿过酒。后来开始接触一些磁芯板以及二极管、三极管的测试工作，为了能更多地承担技术性工作，我参加了研究所自行举办的初中数学和物理学习班，因为成绩优秀，又被选中参加J101计算机学习班，历时一年半再次以优秀的成绩结业。

从那之后，我便开始参加科研工作，别人做什么我就跟着学做什么，就这样边学边干，从战士成长为技术员，慢慢地能看懂逻辑图，也会跟着调试机器了，但怎么也学不懂设计，一个念头从此深植在我心里——我想上大学。

1977 年恢复高考，有机会考大学对我这个没有读过中学却已经不算太年轻的人来说，真如做梦一般。可这个消息在我们这个研究所里，却没有引起很大轰动。那时单位里像我这样早早参加工作、没机会读书的年轻人有几百个，但是准备考试的只有十几人，大家都觉得考大学太难。我却没顾虑那么多，我太想进大学读书了！不用等单位的推荐名额，有了自己争取的机会，我必须试一试。

自从在单位学习班学完了初中数学和物理课程后，在此后的几年里，我利用本就很少的业余时间，继续学习高中数学和物理。决定报考以后，我找来了从来没有学过的化学课本，再加上其他很少的复习资料，就开始了备考，直到一个月后进入考场。最终我的考分排在全所第二名，却因为没过分数线而与大学失之交臂。

有了这次经历，我没有放弃，反而愈挫愈勇，拼尽全力准备 1978 年的高考。白天继续完成单位的工作，晚上我的时间则都留给备考复习。记得高考结束后我的口腔全部溃烂，吃不下任何东西，但是却无比庆幸自己的身体没有在最努力的那段时间里崩溃。

高考那几天的事情到现在依然历历在目。第一天上午的语文考试本就是我的弱项，连填标点符号都使我不知所措，因为小学四年级之后再没上过语文课的我，能找到的“教材”就只有几本小说。下午的物理考得很好，监考老师后来对我说，整个考场只有我把考卷答满了。晚上住在县城招待所，房间的隔墙只是抹了一层泥巴的竹墙，我也只能伴着隔壁的鼾声辗转入睡。结果第二天上午的数学考砸了，自己擅长的几何证明题无论如何也证不出来，只好任由时间在焦急与煎熬中一点一点流逝。下午的化学考得比较满意，可毕竟我的化学完全靠自学，其实也并不知道自己做得对不对。第三天的英语是不计入高考成绩的，我得益于在单位学过一点，考了 19 分，后来还凭这个成绩在哈工大上了英语快班，可即便如此，我的英语也始终让我感到遗憾。

哈工大的“恩”与“情”

高考结束后，我又回到单位上班，不久考分便出来了，但分数并不理想。恰逢当年哈工大在四川招生名额未满，给了总分不够的学生一个录取的机会——只要数、理、化三门的平均成绩达到 75 分。而我当年物理 95 分、化学 80 分、数学 56 分，平均 77 分！恰好符合哈工大的录取条件。直到现在，我依然非常感谢母校能在当年录取我，感谢在校时老师们的谆谆教导，我后来能成长为中国计算机领域的专家，母校是我感念的第一位。

我在哈工大开始了四年的学习，那时候自己焕发出来的巨大精神动力，使我力求每门功课都取得优秀成绩，老师们都因为我的成绩和小学学历间的巨大差距而倍感吃惊。而我知道，自己一路走来，从考大学的不易到能被哈工大录取的幸运，使我比任何人都更加珍惜这个学习机会。我更以身为哈工大人而自豪，放暑假去清华大学参观，我也骄傲地戴着哈工大的校徽。

在哈工大的日子里，宿舍、教室、食堂三点一线，学习就是生活的全部。记忆里除了学习，我印象深刻的事情还有很多：食堂里排队时同学们对樱桃肉的渴望；在大教室上课抢位子时椅垫满天飞的情景；自习时找不到位子，只能在一个寒冷的教室里，坐一个很矮的椅子却用一个很高的桌子；冬天我们换了老乡的几个鸡蛋，一路走进宿舍一路听到鸡蛋冻裂的声音；还有那时每个人用来装碗的饭袋……现在回想，那依然是我一生中最快乐的日子，最珍惜的四年光阴。

毕业三十周年的时候，我与哈工大的老同学又相会了，大学四年里大家虽然常常忙着学习，但也有一起去太阳岛游玩的回忆。记得毕业前我们专业的两个班在一起开联欢会，女生们唱“再过20年我们再相会……老头老太太……”。如今三十年后再相会，我们却没有觉得自己是一群老头老太太，依然觉得自己是那群满腔活力与激情的青年，许诺着未来更多的相会，祝愿着更加美好的明天。

三十周年同学会（左三）

锡城戎光

大学毕业回到单位不久，组织上便交给我研制向量计算机的任务，这是我一生事业的起步，那一年我27岁。第一次作为设计负责人，还带着一个十多人的设计小组，从逻辑设计、工程设计、组装调试到整机联调……全部流程我不敢有一丝懈怠，同战友们夜以继日地连续奋战，最终圆满地完成了研制任务。

1983年，我所在的研究所从四川迁出，选择了风景秀丽、信息通畅的无锡。随着改革开放的大潮，单位在搬到无锡后，我在事业上连打胜仗，最终完成了“神威太湖之光”项目，一举夺取了超级计算机研制和应用的皇冠。最值得骄傲的是我们把最核心的关键技术掌握在自己手中，整机全部采用团队自主研发的CPU和自行研制的操作系统，打造了货真价实的中国制造。

从蜀地大山里的湔底河畔，到江南水乡的军嶂山下，我们工作的环境依然静谧。单位周围都是乡村，坐班车进一趟城要45分钟，不过这里的环境美极了，阳春三月，附近的油菜花和桃花齐放，风景如画。我们到无锡的第二年，无锡下了一场多年不遇的大雪，供电线路被积雪压断了，断水断电整整一周，食堂点着蜡烛卖饭，我们化雪烧水喝，那是第一次感觉无锡真冷啊！好在还有煤气罐能烧水，我们只能靠灌热水袋取暖。即便如此，我们也能苦中作乐，找了几节竹片到一处小山包去滑雪，也是快乐无限的。

搬到无锡后，我分到了一套50多平方米的房子，最开始里面只有一张大床、一张小床、一张桌子和一把椅子，慢慢地又有了简易的组合柜和沙发。当年空调还属于奢侈品，夏天的晚上热得睡不好觉，我就睡在窗前的书桌上，只为了吹一吹窗外的一点点凉风。直到1990年，女儿出生后，家里才装了一个窗式空调，一开起来就嘟嘟嘟地响……随着国家的发展，我们的生活条件越来越好，取暖、制冷都不是问题了，家里还买了小汽车。女儿小时候我们全家经常去的公园有两个：一个是城中公园，因为坐班车就可以直达；另一个就是锡惠公园，女儿喜欢看里面的动物，看多少次也看不够。相比北京的动物园，我还是更喜欢无锡当年的锡惠动物园的小而全。

人生的“苦”与“乐”

“苦吗？累吗？怎么平衡家庭和工作？”

这是人们最常问我的问题。

超级计算机——被称为“国之重器”。超级计算属于战略高技术领域，是世界各国角逐的科技制高点，是一个国家科技实力的重要标志之一，这就决定了我们这一行永远不能停下自己的脚步。一个项目完成马上就开始下一个项目，计算速度越快越好、访存速度越快越好、设备研制完成的时间越短越好。自从我参加工作以来，加班就是我生活的常态，设计阶段我们挑灯夜战，生产阶段我们夜以继日，调试阶段我们昼夜不分，不是一个人而是一个团队，人人如此，互相帮助，互相激励。有时吃在一起睡在一起，紧张在一起欢笑在一起，我们不是亲人却胜似亲人，我们的决心坚如磐石，我们的信念高度一致：我们要为祖国做出最大的贡献。有了这样的团队，就没有克服不了的困难，也因此成就了我们的快乐人生。

从我走出哈工大的校门，到成为国家超级计算机项目的总设计师，在毕业近 40 年的时间里，我们用团队自主研发的 CPU 组成了神威超级计算机，打造了一个又一个中国第一、亚洲第一、世界第一。我为祖国计算机事业的发展用尽了全力，也将奉献一生。

纸短情长，我和母校的故事说不尽，我对母校的感情诉不完。唯愿母校携百年历史之厚蕴，在新时代更展宏图，再谱华章！同时寄语哈工大青年学子们：刻苦学习，努力工作，为母校争光，为祖国繁荣昌盛贡献力量！

（文字整理　王琳月）

李儒荀

HAGONGDA REN ZAI WUXI

李儒荀，教授、高级工程师，1939 年出生，1957 年至 1962 年就读于哈尔滨工业大学工程经济系，1962 年进入研究生班 ,1965 年获得硕士学位；1965 年至 1967 年，就职于无锡机床厂；1977 年至无锡轻工业大学（江南大学前身）任教授，曾指导多名研究生，参与多次中俄国际学术合作；1999 年退休。在职期间，李儒荀主要从事复杂刀具设计、特种加工特别是激光加工与应用方面的研究和教学工作。在国内外学术刊物和学术会议上发表论文数十篇，编著有《刀具设计原理与计算》《激光加工原理与工艺》《食品杀菌新技术》等多部专著与教材，获冷杀菌技术方面的两项专利。

我和哈工大的点滴回忆

1957 年，我怀着当工程师的决心，考入了“工程师的摇篮”——哈工大。从革命圣地遵义，来到了既陌生、神秘，又令人向往的美丽城市——“东方莫斯科”哈尔滨。

由于国家建设的需要，当时鼓励高中毕业生去报考工程院校，争当工程师报效祖国。那时哈工大的名气是非常大的。考入哈工大是我心目中最大的愿望，所以填报志愿时，我第一志愿填的就是哈工大，第二志愿才是清华。

最终我考取的是哈工大工程经济系（现在管理学院的前身），当时被同学们戏称“厂长系”——认为是专门培养厂长的系。我们系的同学中有不少人在来学校前已经是科、司、局等级别的干部了。毕业后确实有很多人当了书记、厂长，有的人还担任了更高级别的领导，例如师兄陈焕友就当过江苏省委书记。

工程经济系的培养目标很明确——要我们既懂技术又懂经济，“能文能武”。所以系里的课程特别多，5 年共 5 800 学时（比现在的课时多）。其中有技术方面的基础课和专业课，也有关于生产、组织、计划、经济、管理方面的课程，有理工科的，也有文科的。

1957 年—1965 年，我在哈工大度过了最宝贵也最值得纪念的大学生涯。这期间生活极为艰苦，但同学奋力拼搏的精神不减，图书馆、自学教室里仍然挤满了人，学习劲头十足。那时我们也搞勤工俭学活动：我在木电（有轨电车）上当过售票员；在农场放过奶牛，早上拉出去，晚上赶回来；也挖过日本人深埋在地下的电线杆，3 ~ 4 米长，1 米多深。我记得身体强壮的同学 1 ~ 2 小时能挖出一根，我身体较瘦小，挖出一根要 3 ~ 4 小时，同学们都跑来帮我。

1962 年我大学本科毕业，考入哈工大研究生班，师从袁哲俊教授。由于学习紧张，又不会保养和照顾自己，一天我突发眼疾——眼底出血。对于一个还未踏出校门的学子来说，这无疑是巨大的打击，当时我精神十分紧张，情绪也很低落。此时得到了校领导、老师、师兄弟们的热情

与大学同学合影（一排左二）

关怀和帮助，他们帮我想办法寻找好的医生并制订合理的治疗方案，帮助我解决生活方面的问题。尤其焊接专业的同届研究生王孙力同学，主动和家人联系，帮我安排住在他家里，支持我到北京治疗。我在他家里住了一个多月，得到了他父母的精心照顾，心中十分感动并终生难忘。后来在校领导的关怀和帮助下，尤其是当时的系主任刘庆和教授的大力支持下，我终于住进了中国中医科学院广安门医院，得到了精心治疗，眼疾基本痊愈。

与大学同学合影（一排左一）

在住院期间我有幸结识了当时的美术家协会主席和著名漫画家华君武老先生。他住高级病房，我住普通病房。由于经常在花园、走廊、休闲娱乐室等处见面，他渐渐喜欢上了我这个哈工大的研究生，分别时还专门为我画了一幅漫画像，听说华老先生是无锡人。我毕业后来无锡工作、生活，也是跟无锡的一种缘分吧！

1965年11月，我到了无锡机床厂，从哈尔滨来到了江南水乡——无锡。那时的无锡市中心最繁华地段中山路，只是从三阳到第一百货公司的一段路，也就一千米左右，三米左右宽，全是石子，不通公交车。当时无锡的公交车只有两条线，1路是火车站到鼋头渚，2路是火车站到梅园，4分钱一张票。刚到机床厂的时候，我这个从遥远北方来的人让很多人感到稀奇，他们弄不懂“研究生”是什么意思。厂里的人都不称呼我名字，叫我“高水平大学生”。

正因为这个“高水平大学生”的称呼，我在后来的日子里吃尽了苦头。

经历了一段特殊的日子，我的思想也从紧张、失落、近乎绝望的状

研究生同学毕业合影（三排右一）

态中慢慢解脱出来，活跃起来。这样白白浪费时间和精力太可惜了，不如做点什么，展示一下哈工大研究生的高水平。想来想去我决定写一本书。我的数学基础比较好，于是就开始构思、演算。白天劳动，晚上进

行学习研究、推导演算、归纳总结。没有纸，我就在笔记本或书籍的空白处进行计算记录。5 年多的时间，一本书的书稿初步成型。1976 年后，我请了三个月的假，一气呵成，终于写成了 100 万字的《刀具设计原理与计算》，于 1985 年在江苏科技出版社正式出版发行，后来这本书还被评为当年的最佳图书，为哈工大争了一口气。

1977 年，我调入无锡轻工业学院（江南大学的前身），从此进入了更广阔的天地。

在此期间，我充分发挥了哈工大人“规格严格，功夫到家”的精神。

1986 年，我以访问学者的身份被派往乌克兰基辅工学院深造。该校在当时也是一所非常有名气的工科院校，院士和教授等名人云集，科研成果累累，国际著名化学家门捷列夫就是在该学校工作期间发现了元素周期率。

在乌克兰基辅工学院深造

我的指导教师是国际著名刀具专家、苏联科学院院士、卫国战争突出贡献者——诺金教授和基辅工学院化学加工系主任、国际著名激光技术专家、联合国科教顾问——B.C.科马连科教授。在他们的指导下，我主要从事激光加工参数优化技术的研究，在苏联的科技杂志上发表了三篇研究论文，翻译了两位导师最新出版的两本著作。由于诺金教授对我在国内出版的书籍和研究成果感兴趣，我还应邀给他们教研室的教师和研究生做了三次讲座和多次交流。

在乌克兰基辅工学院深造

回国时，诺金教授对我在苏联期间的研究工作非常满意，并书面做出了较高评价，他评价我的论文是“非常完整的，在现代科学技术的基础上写成的”。对我的评价是“李儒荀在基辅工学院进修期间表现出是一位切削工具设计领域内专业水平极高的专家”。

回国后，我主要从事激光加工技术和光（激光）、电（静电）、声（超声波）、磁（磁化）在食品和发酵工业应用方面的研究和教学工作。

除《刀具设计原理与计算》专著外，我还会同有关专家和教授合编并出版了《食品杀菌新技术》《食品杀菌和保鲜技术》等书，并编著有《光、电、声、磁技术》《激光加工原理与工艺》《光电声磁技术在食品和发酵工业的应用》《复杂刀具设计原理》等专著和教材；发表论文数十篇，其中多篇获得优秀论文奖；获得了“包装材料杀菌装置”“液体电脉杀菌装置”两项专利。

我协助专家到厂矿企业、科研单位解决多项技术问题。较为突出的有：

（1）1991年，受中国科学院长春光学精密机械与物理研究所的邀请，承接了“多项仿真器”中某零件上精微孔的加工任务。我采用激光加工技术，并配合其他特殊工艺，在一种特殊材料制成的零件上打出了（17±3）μm、深0.3~0.4 mm、深径比达16~18（这在当时是很罕见的）的精微孔，解决了他们的难题，并得到了研究所书面的证明和感谢。

工作中与同事合影（右一）

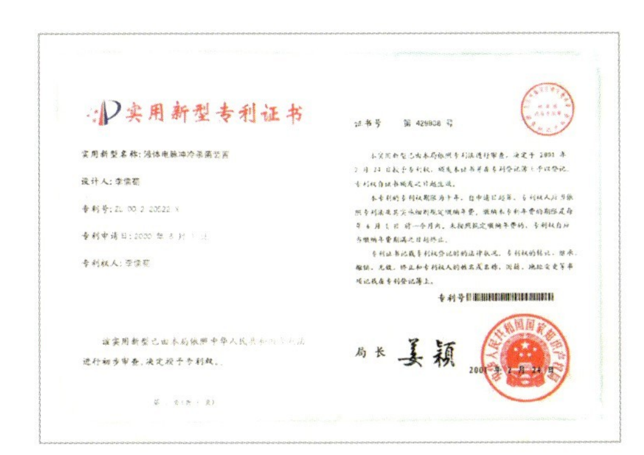

实用新型专利证书

证书号 第429808号

局长 姜颖

2001年2月24日

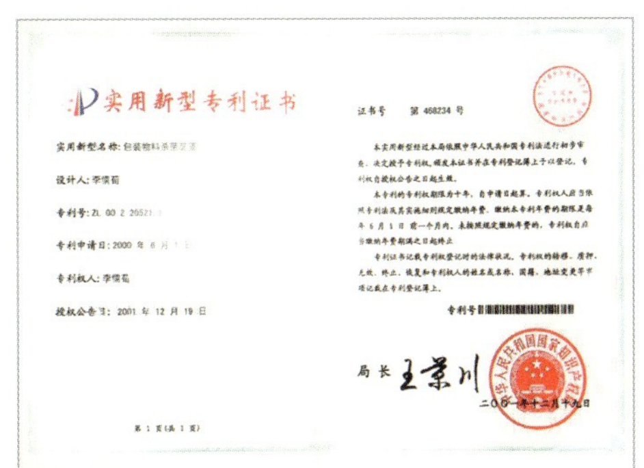

实用新型专利证书

证书号 第468234号

设计人：李儒荀

专利申请日：2000年6月1日

专利权人：李儒荀

授权公告日：2001年12月19日

本实用新型经过本局依照中华人民共和国专利法进行初步审查，决定授予专利权，颁发本证书并在专利登记簿上予以登记。专利权自授权公告之日起生效。

本专利的专利权期限为十年，自申请日起算。专利权人应当依照专利法及其实施细则规定缴纳年费。缴纳本专利年费的期限是每年6月1日前一个月内。未按照规定缴纳年费的，专利权自应当缴纳年费期满之日起终止。

专利证书记载专利权登记时的法律状况。专利权的转移、质押、无效、终止、恢复和专利权人的姓名或名称、国籍、地址变更等事项记载在专利登记簿上。

局长 王景川

二〇〇一年十二月十九日

第1页（共1页）

专利证书

（2）1989年，指导乌克兰食品工艺学院（现乌克兰国立食品工业大学）来华高级进修生、副博士A.H.伏尔契卡。1991年，指导该校来华高级进修生、副博士B.O.尤里伊。他们对我的指导工作非常满意，并在中国和乌克兰相关科技杂志上发表了来华研究成果的论文。

（3）1992年，担任莫斯科食品工艺学院副院长、食品加工专家H.A.列兹纳诺娃教授来华讲学的中方合作教授。由于我配合得当，工作突出，受到双方领导和学者的感谢与赞扬。

与苏联专家合影（二排右三）

（4）1993 年，受邀到基辅食品工艺学院、莫斯科食品工艺学院、敖德萨食品工艺学院进行“光电声磁技术在食品和发酵工艺方面的应用”的讲学，受到了邀请方的好评和赞扬。

以上是我在哈工大和无锡生活、学习、工作的点滴回忆。

哈工大“规格严格，功夫到家”的风格和精神，需要所有哈工大学子用一生去践行！

（文字整理　李冲）

徐寅卿

徐寅卿，1938 年出生于贵州省贵阳市。1957 年考入哈尔滨工业大学机制工艺专业，1962 年获得学士学位并继续攻读硕士学位，1966 年研究生毕业后，分配到无锡机床厂工作，从事无心磨床产品设计、磨床基础零部件的研制和现代制造技术的研究与应用。1995 年退休后，分别在美国 IMAG 工业公司上海办事处和美国通力公司上海办事处任高级顾问。2010 年从美国通力公司二次退休，目前致力于“具有予加载荷－球面自位－多轴瓦－组装式动压轴承”的科技成果转化工作。

功夫到家

在小学时我就有了大学梦——清华大学。1951 年我考上清华中学，清华中学位于贵阳市，成立于 1938 年。清华中学与清华大学有中学毕业成绩前 5 名者可直升清华大学的“亲缘”关系。20 世纪 50 年代初贵阳市清华中学改制后，终止了上述“亲缘”关系，我也随之转学到贵阳一中高中，在高中时我知道哈尔滨工业大学是当时全国唯一一所学习苏联教育经验的工科大学，于是哈工大成为我向往的大学。1957 年我如愿考上了哈尔滨工业大学的机械系机制工艺专业。1962 年我考入研究生班，师从李家宝教授，进入“机械自动化”相关专业领域。

哈尔滨工业大学“规格严格，功夫到家”的校训让我终身受益

本科学习中，在机械原理课程考试时，对某一种机械装置的动平衡的考题，我回答了与标准答案不同的正确答案。这一思路延续到我在无锡机床厂工作期间。1985 年，我设计了一种磨床砂轮自动平衡装置，取得了发明专利。

研究生学习研究阶段，李家宝教授为我指明从生产实践中寻找课题的方向。当时，我国第一个五年计划虽已完成，但生产中仍有问题遗留。

洛阳市有5个第一个五年计划项目。1963年，我到洛阳进行了调研，发现洛阳轴承厂存在着轴承生产的精度与自动化问题。轴承精度受制于机床主轴的精度，而机床主轴的精度又受制于轴承精度，形成了死结。经过研究，我提出了“无心支承磨削”的解决方案，使得轴承环的磨削精度与机床工件主轴的回转精度无关，跳出了轴承精度受制于机床主轴的精度、机床主轴的精度又受制于轴承精度的死结。20世纪60年代初，“无心支承磨削”的解决方案，在我国轴承工业中广泛使用，产生了巨大的技术经济效益。此项目获得了1966年河南省第一次科学大会奖。

1966年研究生毕业后，我被分配到无锡机床厂工作，从事无心磨床产品设计与磨床核心技术——磨床基础零部件的研制和现代制造技术（CAD/CAE/CAM）的研究与应用。

1980—1985年，在磨床核心技术——磨床基础零部件的研制中，我综合分析研究了国内外磨床主轴轴承的优缺点后，提出了“具有予加载荷－球面自位－多轴瓦－组装式动压轴承”（简称“球面轴瓦轴承”）的新结构，它同时具有回转精度高、刚度高、承载力高的三高并存特点。

在“具有予加载荷－球面自位－多轴瓦－组装式动压轴承”的轴承系统刚度分析计算中，我发现“机床设计手册”中的轴承系统刚度分析计算中有原理性错误：它把轴承系统刚度系统看成是线性系统。然而油膜刚度、轴瓦与支承的接触刚度和支承与箱体弹性地基变形的刚度都是非线性系统。我提出了轴承系统刚度的非线性模型，并建立了相应的非线性力学模型和计算机计算程序，还撰写了题为《具有予加载荷－球面自位－多轴瓦－组装式动压轴承的轴承系统刚度分析计算》的论文，发表和收藏于1988年的“国际生产工程研究学会”年会论文集中。

研究实验的结果让我确信：无心磨床采用“具有予加载荷－球面自位－多轴瓦－组装式动压轴承”这一磨床核心技术后，可为我国无心磨床在世界机床版图中，从第三版图越过第二版图，进入第一版图（欧美先进水平）提供基本技术保障。例如：1986 年，哈尔滨工业大学承研的惯性导航气浮轴承测试台，回转精度低，导致在其上进行的陀螺仪定标精度低，从而影响我国洲际导弹命中率。解决此问题需要高精度大型外圆万能磨床，当时国内外都提供不了这种磨床。于是哈尔滨工业大学科研处提出并经过校长批示同意，让无锡机床厂的哈尔滨工业大学校友，即我、周俊瑞和张国林三人共同完成高精度大型外圆万能磨床。我们三人利用业余时间，潜心攻克技术难关，特别是采用了“具有予加载荷－球面自位－多轴瓦－组装式动压轴承”这一磨床核心技术后，成功为哈尔滨工业大学精密加工中心提供了 MG1437 高精度大型外圆万能磨床。用于磨削气浮轴承法兰套筒（法兰外径 650 mm，套筒内径 350 mm 和套筒外径 450 mm 的法兰盘），达到所有圆柱面的圆度和同心度为 0.5~1 μm，所有端面的平行度为 0.5~1 μm，圆柱面与端面的垂直度为 0.5~1 μm。此法兰套筒是陀螺仪测试定标气浮轴承试验台的关键零件，这使得陀螺仪的定标精度得到了提高，从而使得我国洲际导弹命中目标的靶心直径，由 300 米缩小到数十米。但由于我国机床工业体系的局限性，当时机床是“皇帝的女儿不愁嫁”，对使用核心技术提高磨床水平的长远发展未能重视，因而“具有予加载荷－球面自位－多轴瓦－组装式动压轴承”这一磨床核心技术没有在磨床工业中得到使用，至今这项核心技术被搁置了 35 年之久。

1985 年开始，我在无锡机床厂从事现代制造技术（CAD/CAE/CAM）的研究与使用工作，对汉字标注系统、国标制图和国标零件库进行了二次开发，使得引进的英文版的CAD软件能够为国人使用。这在当时我国机械制造业使用现代制造技术（CAD/CAE/CAM）的领域中，形成了“北有沈阳鼓风机厂，南有无锡机床厂”的态势。

1995年，我从无锡机床厂退休。退休后分别在美国IMAG工业公司（创建于1981年，总部位于加州硅谷，长期致力于国际技术交流与合作的高科技跨国公司）上海办事处和美国通力公司上海办事处任高级顾问，为我国高技术公司、国防科研院所、院校和大型企业引进并使用现代制造技术（CAD/CAE/CAM）提供技术咨询服务。如华为的EDA电子设计自动化软件，航天工业的轨道加热分析的TMG软件和电子设备的传导、对流和辐射的传热分析的ESC软件，船舶工业（核潜艇）的结构噪声的NVH分析软件等。

2010年，我从美国通力公司二次退休后，做了较长时间的休整，同时，我总觉得还有一项未完成的工作在等待着我。

2020年，有识之士热议的“中国机床之路，为什么越走越窄？”也道出了我的心声。中国机床产业，一直大而不强，在高端设备领域举步维艰。中国机床的历史：在第一个五年计划期间的156项工程和向西部地区挺进的大三线建设中，基本确立了中国机床工业体系的框架。其中18家国有机床厂，堪称是十八罗汉，曾经起到定海神珍、举足轻重的作用。改革开放，加入WTO之后，中国成为世界制造大国，为中国机床业注射了一针强心剂，让中国机床产业向前狂奔10年。走向海外市场，国际品牌并购，成为一场盛宴。然而中国的机床体系终究是脆弱的，这些收购大多以失败告终。

全球无心磨床版图中，中国的位置在哪里？国产无心磨床版图的困局如何打破？无锡是我国无心磨床之乡，寻找我国无心磨床在世界无心磨床版图位置的重任，必然落在无锡“无心磨人”的肩上。

现在我正在为“具有予加载荷－球面自位－多轴瓦－组装式动压轴承”的科技成果转化为生产力而努力，完成我未竟的事业。

（文字整理　王琳月）

周俊瑞

周俊瑞，我国资深磨削专家，教授级高级工程师。1942年出生于江西遂川，1965年毕业于哈尔滨工业大学精密机器系金属切削机床设计专业。曾任无锡开源机床集团无锡机床股份有限公司副总工程师，机械设备成套有限公司总经理等。2002年3月退休后自主创业，创办无锡瑞鼎机床有限公司，任总经理，现任总工程师。一生致力于磨床磨削研究，现主攻超硬、碎材料，如蓝宝石、石英、碳化硅、碳纤维等新型材料的磨削，以及超精工艺及设备研制。曾任中国轴承工业协会技术委员会工艺工装专家委员会副主任委员，中国基础件分会高级专家。

一生就干一件事

我国资深磨削专家、教授级高级工程师周俊瑞，毕业于哈尔滨工业大学精密机器系金属切削机床设计专业 60811 班。周俊瑞曾在无锡开源机床集团无锡机床股份有限公司任副总工程师，在机械设备成套有限公司任总经理，2002 年 3 月退休后创办无锡瑞鼎机床有限公司，任总经理。2018 年卸任总经理，任总工程师，古稀之年仍不肯休息，继续在磨床磨削领域深耕，现主攻超硬、碎材料，如蓝宝石、石英、碳化硅、碳纤维等新型材料的磨削，以及超精工艺及设备的研制，为国防工业贡献自己的力量。他把一生的精力倾注在磨削上，每天研究学习到晚上十点，几十年如一日，他用实际行动诠释了工匠精神，也孜孜不倦地践行着母校的校训：规格严格，功夫到家。

寒门学子，辗转梦圆哈工大

1942 年 3 月 18 日，周俊瑞出生于江西遂川，井冈山脚下一个贫困的家庭。父亲中风失去劳动能力，兄妹五个靠母亲养猪维持家中生计。家务繁重，兄长小学没毕业就辍学工作，排行老二的他凭着惊人的毅力，坚持每年寒暑假出去劳动赚取学费，1958 年以优异的成绩从遂川中学初中毕业。老师鼓励他报考高中，但在家庭的重担下他只好报考中专。当年，周俊瑞被江西省机械工业学校录取，该校创办于 1958 年。为解决学校师资问题，

1960 年，学校决定委派他和另外 7 名优秀学生到哈尔滨工业大学代培。儿时梦想上大学成为工程师的他，就在这样的机缘下梦想成真，成了哈尔滨工业大学精密机器系金属切削机床设计专业的学生，开启了艰苦的大学求学路。他珍惜来之不易的上学机会，克服基础差等不利条件，寒暑假都不回家，凭着坚强的毅力，全身心地投入学习，在校训“规格严格，功夫到家”的严格训练下，于 1965 年 8 月以优秀的成绩完成了 5 年学业。

创新实干，累创佳绩志凌云

1965 年 8 月，周俊瑞从哈尔滨工业大学金属切削机床设计专业毕业后，秉承“祖国的需要就是我的志愿”的精神，二话没说拿着报到单和户口粮油转移单就来到了无锡机床厂报到。初到无锡机床厂，他被派到车间劳动，一干就是 5 年。5 年中他先后在加工车间、装配车间劳动，凭着吃苦耐劳的精神，虚心向工人师傅学习，与工人打成一片，学会了车床、铣床、磨床、钻床的操作技术和磨床的装配，能独立装配调试先进的自动化磨床，成了装配车间的骨干。1979 年，无锡机床厂成立技术科，他被选调承担轴承室的设计工作。1979 年到 1991 年，他以创新实干、追求卓越的精神，共主持重点试验项目 3 项，主持设计项目 5 项，参与设计项目 5 项，都取得了很好的业绩。1978 年，他参研的轴承磨新系列获“科技大会奖”；主持国内第一个试验成功的控制力磨床获“江苏省科技大会奖”，并在新产品中实践应用；1980 年，他主持完成的省部级重点项目“3MZ1320A 型全自动高速球轴承内圈沟道磨床”获机械工业部、江苏省科技成果二等奖；主持完成省部级重点项目“3MZ1316 型全自动高速球轴承内圈沟道磨床”的设计，主持的机械工业部重点项目——全国第一条“WX-ZX001 型圆锥滚子轴承磨加工自动线”的设计和制造获得了重大突破，为我国轴承行业的自动线开创了新的一页，时任全国总工会主席倪志福到无锡机床厂视察参观该项目，亲自接见了周俊瑞并给予高度赞赏。后续参加的省部级重点项目“3MZ2520 型双列球面滚子轴承内圈滚道磨床”和“3MZ3310 型滚子轴承内圈滚道超精加工机”分别在 1981、1984 年获江苏省科技成果三等奖。他撰写的《控制力磨削进给研究》《新颖全自动高速轴承套圈外圆磨床》《控制力磨削试验研究》等多篇论文入选全国性机床行业会议的宣读论文；论文《轴承套圈外圆磨床控制力磨削新结构》刊登在《轴承》杂志上，“3MK1316 型轴承内圈沟磨床”刊登在《磨床与磨削》（现名《精密制造与自动化》）上。

多年的工作中，周俊瑞承担多项复杂研究课题和组织重要项目设计施工，展现出独立解决复杂问题与关键技术问题的优异能力，并有很强的组织能力和决策能力，在全厂 500 多名技术人员的职称评定中，无可争辩地在 1981 年被评为第一批工程师，1987 年又被晋升为第一批高级工程师。1991 年，由于成绩突出，周俊瑞被破格调任至无锡开源机床集团无锡机床股份有限公司总师办副主任，1992 年任副总工程师，负责全公司的新产品开发和重大项目的技术谈判。仅 1992 年一年，他便为公司完成了 30 多项新产品项目，为企业赢得了市场，取得了很好的销售收入。同时他还兼任公司技术服务处处长，1998 年兼任机械设备有限公司经理，开发了市场紧缺的圆锥滚子套圈超精机和球轴承磨超自动线。1990 年，他为哈工大设计制造的 MG1470 型数控高精度多功能磨床，实现了一台机床加工主轴外径和轴承颈部端面、内孔和端面，完成了航天测控站对航天器运动轨迹测试所需关键设备传动偶件的研发工作，为航天测试做出了很大贡献。而在此 30 年之后，该种布局才被瑞士的斯图特机床公司——世界外圆磨床第一品牌开发出来。

由于他在磨床磨削领域的突出贡献，哈尔滨工业大学、西安交通大学、山东大学等诸多高校，经常与他探讨磨削方面的难题和解决办法，周俊瑞先后为他们提供科研急需的 10 台（套）磨加工设备和部件等。2000 年，周俊瑞经江苏省职称领导小组考核被评定为教授级高级工程师，同时出色的工作还让他连续三届被推选为中国轴承工业协会技术委员会工艺工装专家委员会副主任委员，被中国机械工程学会中国基础件分会聘任为高级专家，并入选江苏省高级人才库专家。

薪火相传，一生所学倾囊授

1978 年，周俊瑞被聘任为无锡市南长区（现已并入梁溪区）业余夜校兼职教师，为全南长区职校开设机械制图班。学生中年龄最小的 16 岁，年龄最大的 50 岁，一大批学生后来都成为各企业的技术骨干，至今一个 70 多岁的退休技师还骄傲地对别人说："我的制图老师是无锡内圆磨床研究所的周俊瑞老师，课讲得真好！我能在厂里成为骨干，被提拔为技术厂长，要感谢周老师！"

周俊瑞并未止步于此，他还独立开办了机械中专班，向无锡的各个企业不断输送技术力量，1980 年该班获"全国总工会优秀班级奖"；他还为无锡机床工业大学讲授"机床设计"等课程，培养了一批机床设计人员，后来均成为无锡机床厂骨干；2012 年至 2015 年，为广东暨南大学培养了 3 名研究生，现都是深圳公司的骨干。

厚积薄发，屡攀高峰正当年

2002 年，60 岁的周俊瑞从公司退休，同年便自主创办了无锡瑞鼎机床有限公司，继续从事磨削、磨床的研究，独立研发了轴承、汽车零部件专机 20 余种。在汽车轮毂轴承项目中，他一举打破西方垄断，独创磨削工艺，实现了全国首个汽车轮毂轴承磨超设备的国产化，加速了我国汽车轮毂轴承设备和轴承生产的国产化进程，为国家节省了大量的外汇。2006 年，正值全国房产行业大量使用电梯的时候，以往电梯轴承都被德国 FAG、瑞士 SKF、美国 TIMKEN、日本 NSK 等外国公司垄断，他又为轴承行业开发了 RD061 型球面滚子外径超精加工机床，解决了国产电梯轴承噪声大的技术难题，实现了电梯轴承的全部国产化，从而打破了该领域国外的垄断，现在国产轴承已完全取代进口。在此项研究中，他获得了球面滚子外径超精加工工艺和机床的两项专利——球面滚子外径超精加工机床（专利号：ZL 2011 1 0280555.2）、球面滚子外径超精工艺（专利号：ZL 2011 1 0283098.2）。

古稀之年的他，每每谈起磨床、磨削便精神抖擞，犹如年轻人一般。2018 年，他又有了新的奋斗目标：超硬、碎材料的磨削工艺和设备的研究。2020 年 4 月，他研发的磨削设备磨削直径 $\phi 1.3$ m 的碳纤维罩，完全达到 RMS 0.015 mm 的复杂型面和 $Ra = 0.8\,\mu\text{m}$的要求，已达到国内第一、世界领先的技术水平，为国防工业做出了新的贡献。

谈到自己对母校的情感，他没有太多华丽的词语，但心中对哈工大有满满的恩情和热爱，他感谢哈工大对他的培养和“规格严格，功夫到家”对他的规训，他希望自己的母校能越来越好。他不无骄傲地说自己实现了母校对学子的号召——为祖国健康工作 50 年。他说：“我一生只做一件事，就是磨床与磨削。是哈工大的培养与我一生的刻苦努力，才使我有了今天的成绩。希望师弟师妹们珍惜当下的优越条件，树立为母校争光的远大理想，为祖国做出自己的贡献，祖国的需要就是我们的志愿！”

（文字整理　李伟）

崔庆辛

崔庆辛，1956 年 9 月出生，1978 年考入哈尔滨工业大学工业电气自动化专业，1982 年毕业后进入中国航天远洋测控基地，历任“远望一号”船轮机工程师、“远望三号”船轮机长、基地技术部教练船长、基地副总工程师等职。曾参与“远望三号”船建造全过程，主持“远望四号”船改造全过程，主持了“远望五号”船舶系统立项论证。2004 年转业至无锡市地震局任副局长，直至 2016 年退休。

在大海远望星空的人

当大家通过电视直播画面看到航天英雄杨利伟顺利进入太空，又成功返回陆地的时候，不知有没有想过一个问题，卫星怎样才算发射成功呢？如果仔细看的话，应该可以注意到一个细节，在卫星发射过程中，北京指控中心会频频报出测控正常的消息，这些测控的消息就是评判卫星在轨飞行质量的标准。而崔庆辛就是这样一位参与航天测控工作的哈工大校友，是在太空飞船和航天员背后默默保驾护航当之无愧的功臣。

为“神舟五号”飞天保驾护航

2003 年，“神舟五号”发射的一个月前，4 艘“远望号”航天远洋测量船就在太平洋、印度洋、大西洋三大预定海域排兵布阵。10 月 15 日 9 时，火箭升空了，崔庆辛在测量船上就位，大家很有经验，仪器早已调校正常，测量船上的一切都井然有序，大家都在密切注意着仪器上的信号和数据，时间一分一秒地走过，崔庆辛静静地等待着，那一刻终于到来了，9 时 30 分许，“远望二号”准确捕获飞船信息，第一时间将数据传回了指挥中心，当“神舟五号”舱内图像清晰地显示在北京指挥中心的大屏幕上，当杨利伟的声音在大厅中响起时，举国欢腾，然而此时的崔庆辛和战友们并没有放松警惕，依然坚守着岗位，直到完成飞船入轨后的运行段、返回段和留轨舱留轨飞行前期工程等全部海上测控任务。

成功了，终于成功了！经过一天多的飞行，“神舟五号”载人飞船于10月16日顺利在内蒙古着陆场着陆，航天远洋测量船队圆满完成了飞船的测控和通信任务。崔庆辛回忆，为了这一刻，测控团队默默耕耘了多年，技术上反复打磨，4艘测量船在海上每个路段都提前抓住一个目标，整个系统和设备的工作以及数据都很正常，当最终取得成功的时候，他和战友们都分外激动，那种心情无法形容，那种交织着信仰、责任以及热爱的无以言表的自豪与荣誉感，或许只有亲历过的人才会懂得。

“远望号”上的日子

人们把在航天远洋测量船上工作的科技人员比喻成“巡海追天”的英雄，在“远望一号”一干就是5年、然后在“远望三号”一干又是5年的崔庆辛称得上是“巡海追天”的元老了。长江下游城市江阴的小黄山脚下，是航天远洋测量船队“远望号”的母港，崔庆辛就在“远望号”船队上工作。每次“神舟”飞天，航天远洋测量船总是首先出发去往三大洋，最晚才归来。去执行航天远洋测控任务的经历是分外让人难忘的，“出征”前，船上都会举行一个持续了几十年的仪式——告别祖国。技术人员和船员们一道站在甲板上鸣笛、升国旗，表达对祖国的依依惜别之情，每当昂起头面向国旗的时候，崔庆辛知道，除了向祖国告别，在心里他正在向祖国进行着无声的宣誓，因为过了十二海里线以后，测量船就成了一片浮动的国土，他和船上的每一个人就将不再是一个个独立的个体，他们代表着祖国！

然而去执行海上测控任务并非都是一帆风顺的，远洋出海经常一出去就是几个月，遇到天气不好的时候，海上经常会起很大的风浪，没有亲身经历过海上工作和生活的人，难以体会其中的滋味。2001年末，崔庆辛他们在海上遇上了有史以来的最大风浪，那一天，船刚出了南海就来了台风，船一下子就被卷了进去，船身呈几十度左右剧烈摇摆，一摆就是一天一夜，密封的水密窗都进了水，船上几乎所有的人都晕船了，许多人一边工作一边吐，有的连胆汁都吐出来了，但都依然坚持着工作。崔庆辛记得和家人一块过春节也就七八次，有 10 多个春节都是在海上过的，在海上连续漂泊最长时间达 90 多天。除了面对烈日风浪，当测量船经过东海、台湾海峡时，有的国家的军舰和飞机很不友好，经常对测量船进行骚扰侦察。不过在多年的工作中崔庆辛能够明显感觉到，随着国家在不断发展和强大，这些外船的骚扰程度和频次越来越低，国力增强也使得测量船队更加扬眉吐气。

但走出去也有好处，只有真正出去过才会格外体会到祖国母亲的伟大。测量船队完成测控任务停靠外港时，经常会受到当地华人华侨和留

海上检修（右二）

学生的热烈欢迎。有很多老华侨还会到测量船上抚摩各种仪器，与崔庆辛握手拍肩，侃侃而谈，他们激动异常的样子对崔庆辛是一种莫大的鼓励。因为这是日益强大的祖国给海外侨胞们带来的震撼和精神力量，强大起来的祖国给了他们信心和希望。作为一名“远望”人，崔庆辛和海外侨胞一样感到无比骄傲，也愈加感到自己担负的为卫星飞天“保驾护航”这份职责的神圣。

首过赤道

在海上工作了20多年，崔庆辛无怨无悔。无悔的青春年华，别样的人生岁月，他认为，只要祖国有需要，一切都值得。他说，能参加整个航天发射的测控任务和为测控基地“远望号”船舶的建设尽自己的一分力量，是最欣慰的事情；能够把自己的汗水洒在浩瀚的“海空”事业中，让自己的青春在“海空”中飞扬，也是最幸福的感觉。他以自己的亲身经历告诉人们一个信条——奋斗无愧历史，激情创造未来。

质量，“生命关天”——工作较真的人

和崔庆辛在一起工作的同志们都很佩服他在工作中较真的精神。他对每一台设备的修理工艺都进行认真审定，毫不含糊。每做完一项工作，他都认真撰写书面报告。旧船改装中的现场问题很多，他还需要与厂、所同志交涉和协调。

1998 年 4 月，从参与“远望四号”船立项调研开始，他就全身心地投入到中修改造工作中，多次赴东海分局勘验“向阳红十号”船细化工程单，参与起草立项报告和总体技术方案，论证和评审了中修改装技术方案，进行选厂调研和汇报、修船总合同谈判与签署，为领导的决策提供了依据。他担任技术组组长和修船总代表，每天要协调大量的工程与技术问题。为了确保工期，他每天早出晚归，修船的 144 天里，他没有休过一个周末和节假日。尤其在系泊试验紧张时期，他夜以继日，始终在现场把关验收。为了配合设计所的工作，他对每一份图纸和更改通知单都仔细校对。为了选好配套设备，他仅用了 9 天时间，分别在南京、泰兴、南通、上海等 29 家厂、所进行调研。在他的努力下，主要设备修理后测试均一次成功，为“远望四号”船中修改装工程的顺利完成做出了突出的贡献。船厂领导深有感触地一连说了 3 个“没有想到”——没有想到你们对修船如此精通，没有想到你们对质量把关如此严格，没有想到你们测控基地的同志如此清正廉洁。

人生的插曲

崔庆辛的人生历程中充满了很多小小的插曲，去哈工大读书，其实是源于判卷老师的一个失误。1977 年，国家决定恢复高考，当时很多知识青年在得知了这个消息后又重新燃起了上学改变命运的希望。当时还在插队的崔庆辛也得知了这个消息，当年时间紧张，来不及复习，崔庆辛便决定参加第二年的高考，由于准备充分，崔庆辛觉得自己发挥得不错，但成绩

并不如预想中理想。那时哈工大的老师来省里招生，看到了崔庆辛的考分，物理和化学都是90多分，数学却是40多分，感到有疑问，于是就拿出了崔庆辛的数学卷子重新核算，果然分数少了20分，前几个志愿都没被录取的崔庆辛，被哈工大的老师第一时间招了回来。这段插曲还是崔庆辛进学校后从老师那里得知的，不过他却并不懊悔，在哈工大的经历与成长令他难以忘怀，谈起母校，崔庆辛一直都心怀感恩之情。

崔庆辛参加工作，又是一个意外。当时航天远洋测控基地船上的经纬仪是由哈工大的老师研发的，当仪器出现问题时，总要联系哈工大的老师进行检测修理，长此以往很是耗费人力，于是测控基地就想直接招哈工大的毕业生来解决这个问题。当时崔庆辛毕业后就这样被分配到了测量船上，等崔庆辛来基地报到时，负责接收毕业生的同志并不知晓个中缘由，觉得船上的仪表需要人去操作检修，看到崔庆辛是工业电气自动化专业毕业的，觉得很合适，于是就派他去做了这项工作，后来他又被分配去搞蒸汽轮机。崔庆辛能这样一步步干下来，直到退休，还得感谢在哈工大的学习经历。由于哈工大开设的技术基础课程多且广，有很多似乎与所学专业并无直接关联的课程都要求学生学习，而且由于教学严格，学生把理论基础打得都很扎实，这些在崔庆辛的工作中起到了非常大的作用。在分配去搞蒸汽轮机的时候，崔庆辛在学校学过的热力学就派上了大用场，由于系统地学过原理，稍加复习就能上手工作了，后来换了柴油机，其中涉及的技术基础也都学过，这使得崔庆辛总能很快地适应新的工作任务，在测量船上的进步很快。

一生的哈工大人

崔庆辛常常说："母校严谨的学风和拼搏的精神是我永远的工作动力。"有着20多年工作经历的崔庆辛对母校依然是那么留恋。回忆起在母校

船舱巡查

哈工大的生活，各种点滴依然历历在目。当年的设施比较简陋，去学校报到那天，起初是住在主楼地下室搭的临时铺位里面的，后来才搬进了一公寓。吃饭时菜的种类也不多，多是土豆、白菜、玉米之类，但老师和同学关系十分融洽，大家都很认真，当时不大的图书馆里总是挤满了人。

学校的教育理念很先进，崔庆辛回忆说："学校很注重对学生动手能力的培养，当年给我们上物理课的老师，他不是单纯地讲，而是让我们自己去看、去思考。我觉得他的教学方法很好，给了我们很大的启示。所以哈工大的学生自学能力都比较强。"他说："现在让我回过头重新当一回学生，我可能要比那个时候更刻苦一些。我更知道应该怎样去学习，怎样去做人做事。现在科学知识发展太快，学科之间渗透、交叉，我感觉到在校期间学习的重要性。到了工作岗位上，虽然也要不停地学，但是就没有充足的时间了，想系统地学点东西很不容易。对现在的学生来说，我想不管学什么专业，知识面一定要宽一些，要广泛地了解各个学科的知识，才能扩展你的视野。在校时一定要把基础打好，多学一点技术基础课，把传统理论吃透了，今后再接触新学科和新知识，就会受益匪浅。”

关于做人做事，崔庆辛觉得做事一定要踏实，对名利要看得淡一点，对工作要踏实一点。这正是哈工大校训“规格严格，功夫到家”的精神内涵。离开母校这么久，崔庆辛对母校的拳拳之心始终不改，以自己的行动践行着哈工大的规格，用几十年的技术积累托起了哈工大的功夫！

（文字整理　王彬）

刘礼华

HARBIN INSTITUTE OF TECHNOLOGY

刘礼华，男，1965年9月生，江苏江阴人，汉族，中共党员，博士研究生学历，教授级高工。现任法尔胜泓昇集团有限公司副董事长、总工程师，哈尔滨工业大学、南京理工大学博士生导师；兼任中国金属学会材料学会理事、中国机械工程学会材料分会理事、中国材料学会理事、江苏省科协常委、江苏省中青年人才创业促进会副主席，是江苏省第十一届、第十二届、第十三届人大代表。

刘礼华自1987年以来一直从事金属线材制品基础理论及应用、新型桥梁缆索技术开发及应用、光通信材料等方面的研究工作，尤其是在新型桥梁缆索系统的开发及应用研究方面取得了较大的具有创新性的成果。先后承担国家、省级科研项目十多项，荣获国家科技进步奖一等奖1项（集体奖项），国家科学技术进步奖二等级2项和省部级科技进步奖多项，是江苏省“333人才工程”第一层次培养对象、省十大杰出青年、首批创新创业人才奖、省十大杰出专利发明人获得者。获全国五一劳动奖章，享受国务院政府特殊津贴，获科技部颁发的十一五国家科技计划执行突出贡献奖，被联合国教科文组织和全国政协评为全国十大科技英才。同时拥有发明专利20余项，出版译著2本。

钢绳博导

哈工大金属材料和热处理专业硕士、哈工大材料物理与化学专业博士毕业的刘礼华，结缘法尔胜钢绳30多年，担任法尔胜泓昇集团党委副书记、副总裁、总工程师，上市企业法尔胜股份有限公司总经理。刘礼华心系科技，在实践中创新科技发展，其经历颇具传奇色彩，曾被评为全国十大科技英才、教授级高级工程师。哈尔滨工业大学和南京理工大学相继聘他担任博士生导师，人称“钢绳博导”。2019年10月，《科学中国人》刊登《绳上的“舞者”》一文，详细介绍了刘礼华创新、创业的经历。

成才之路

刘礼华1965年9月出生于江阴的一个普通人家，排行老二，父亲是一位中学教师。良好的家庭熏陶，使他自小聪慧过人，身具勤奋好学的优秀品质，年满13岁即经统考进入南菁高中就读。南菁高中优良的文化传统和一批名师的优质教育，使他打下了扎实的文化基础，养成了积极进取的优秀品质。1980年，15岁的刘礼华便以优异成绩考入哈尔滨船舶工程学院（现哈尔滨工程大学），成为班里年龄最小的大学生。

大学毕业后，刘礼华选择了读研。他考上了哈尔滨工业大学金属材料和热处理专业研究生。1987年，22岁的刘礼华以优异成绩从哈工大研究生院毕业，他的导师相信他有培养前途，劝他留下读博，并承诺有机会让他出国深造。当时，刘礼华的家乡经济改革风起云涌，地处乡镇企业崛起的“苏南模式”中心的江阴，生产建设如火如荼。刘礼华满怀人生美好理想，听从来自家乡的召唤，婉言谢绝了导师的再三挽留，放弃优越的学习、工作环境和出国深造机会，作为当时江阴全市唯一的硕士研究生，来到了与自己专业对口的江阴钢绳厂（后改名法尔胜泓昇集团有限公司），并且一干就是30多年。

“江阴是故乡，科技是梦想。到生产一线去锻炼成长，如果失败，我还很年轻，至多再出去读博充电，大不了从头再来！”这就是22岁的刘礼华的性格体现及当时的心态写照。

江阴钢绳厂原先是制作麻绳的小作坊，改革开放后苏南经济蓬勃发展，技术革新让钢绳厂实现了从麻绳到钢绳的跨越。1987年4月，江阴撤县建市，为策应这一重大变革，江阴钢绳厂提出了第二次创业的发展战略。同年8月，正在这个求贤若渴的节骨眼，刘礼华来到了钢绳厂。

当时的江阴钢绳厂，在市属企业中尚属技术领先的一类，老厂长周建松颇具战略眼光，他抢回了江阴的第一个研究生，并按厂里新进职工要先当徒弟的规定，让刘礼华当了自己的徒弟。名师出高徒，周厂长先让刘礼华到一线磨炼自己，在实践中寻找技术革新、科技攻关的课题机遇。初出茅庐的刘礼华虚心向师傅们请教，埋首于生产一线，把扎实的理论知识与生产实践结合起来，经过锲而不舍的努力，他学会了钢绳生产的全套技术基本功，学到了书本上没有的实践本领，看清了钢绳生产发展的方向机遇，积累了丰富的实践经验。

1989年，江阴钢绳厂展现“第二次创业”的宏伟蓝图，要将钢绳产品向“高、精、尖、小、特”的方向发展，决定成立一个设备综合试验分厂，命名为“8951”分厂，周建松的雄心全部体现在这个分厂的命名之中：

1989年成立，要在5个方面达到国内一流的水平。只有24岁的刘礼华，被破格任命为筹建且分管技术的副厂长。当时刘礼华身边所拥有的仅是自己的知识和十多名才走出校门的工科大学毕业生及一大堆老设备的构造图、工艺流程图。虽然刘礼华有着扎实的工科专业知识和特殊合金的研究实践，但对于钢绳工艺攻关还是首次。他孜孜不倦地向书本、向老技工求教，反复查阅国外先进的技术资料，组织成立攻关课题组。经过锲而不舍的努力，他们终于不负众望，在国内首次研制并应用了国际先进工艺技术，生产成本降低了10%左右，劳动生产率提高了4倍，缩短了我国金属制品前道加工技术与国际先进水平之间的差距，大大降低了工人的劳动强度，改善了生产环境，走出了一条“量力而行、快速发展”的发展之路，该分厂也被誉为“金属制品的样板分厂”。

“哈工大毕业的研究生名不虚传，真的厉害！”经过几年实践，刘礼华在科技创新上崭露头角，成了江阴钢绳厂的中心人物，铺就了他结缘科技、成为“钢绳博导”的发展之路。

大桥缆索

从麻绳到钢绳，法尔胜老董事长周建松坚持在“绳”字上做企业，连续20多年保持全国同行业第一。有人形象地比喻法尔胜生产的钢绳：它们像孙悟空手中的金箍棒，可以根据需求做粗做细、做长做短，做到世界第一。法尔胜的钢绳做成了世界最大跨度悬索桥的缆索。

“一桥飞架南北，天堑变通途。”出生在长江边的刘礼华更有大桥梦想。1995年，已担任法尔胜集团公司副总裁的刘礼华，在周建松的大力支持下，与法尔胜的同仁一起，开创了法尔胜的缆索事业，从厂房的建设到设备的安装调试、从人才的引进到团队的搭建、从开拓市场送产品到引进世界巨头合资、从产品的技术质量提升到国际标准的制订，都凝结了他的心血和汗水。经过25年的共同努力，法尔胜缆索不仅荣获江苏省科技进步奖一等奖、国家科技进步奖二等奖及一等奖，而且在技术指标、研发水平、市场占有率、生产规模方面都是全球领跑者。

从横跨江阴、靖江两市的江阴长江大桥和中国早期的虎门大桥采用法尔胜的大桥钢丝开始，到第一个使用法尔胜缆索的湘江二桥和全部采用法尔胜缆索的海口世纪大桥，再到具有国际影响力的香港昂船洲大桥、苏通大桥、卢浦大桥和港珠澳大桥，直至去年通车、分列全球第一的沪苏通公铁斜拉桥和五峰山公铁悬索桥，标志着法尔胜缆索产品的不断跨越。目前全球跨径排位前十的悬索桥和斜拉桥中，分别有7座和6座有法尔胜缆索的身影。

搏击光纤

21世纪初，信息产业开始高速发展之际，原本只是配套生产光缆钢丝的法尔胜看到光通信核心技术被国外垄断的残酷现实，及光通信市场巨大的发展潜力。秉承着“创新、极致、诚信、和谐”的企业精神，企业高层核心迅速做出决定，跳出熟悉的舒适圈，全力进军光通信产业。

以刘礼华为首的技术骨干组队投身国家级项目“光纤预制棒产业技术开发”当中。法尔胜光子公司应运而生。而当时，生产光纤的原料——光纤预制棒还被国外光棒供应商牢牢控制着。法尔胜团队不畏艰难，历经曲折，独立发明十余项专利技术，打破了美、日等国在该领域中几十年来的技术封锁，开发并大批量生产产品，成功地引入诺贝尔奖获得者、“光纤之父”、华裔教授高锟为名誉董事。最终于2002年生产出第一根光纤预制棒，冲破了国外巨头的技术封锁。时任国务院副总理的温家宝视察法尔胜光子公司，称赞这一发明“为我国的技术创新做了一件了不起的大事情”。

刘礼华说，高技术封锁是美、日等国对我国的一贯做法，核心技术是用钱买不来的。当法尔胜在光纤技术上有所突破时，产品上市不到两年，就经历了几乎被逼到停产的价格战。法尔胜没有被吓退，继续坚持亏本生产。眼见价格战压不垮法尔胜的光纤产品，2007 年，美国公司又打出“品牌战”招牌，提出和法尔胜合作，让法尔胜光子公司贴牌生产光纤，并开出了丰厚的报酬，条件只有一个：全部产品打美国公司的牌子。

“合作的背后，其实还是要扼杀我们的发展，没有了自己的品牌，即使赚得了一时的利润，也会丢失生存的市场，那么离灭亡也就不远了。”刘礼华是这样来认识美国公司要求的合作的。其实，从 2002 年产出第一根光纤到 2008 年，法尔胜光子公司一直在亏损中前行，法尔胜坚持住了自己发展的底线，对品牌阵地的坚守态度从没有动摇过。2009 年终于迎来胜利曙光，随着 3G 概念的火爆，法尔胜光子公司实现扭亏为盈。目前，法尔胜的光纤预制棒和光纤产品已拥有自己的品牌和一定的市场地位，他们用自主技术，每年为国家节省通信投资近百亿元。

记忆合金

作为一个致力于追求创新、创造民族品牌的科技高峰攀登者，刘礼华对新型功能材料——形状记忆合金的研究和开发项目攻关多年，但仍没有在法尔胜形成产业化盈利，这成了他的心头之痛。

这一材料是刘礼华攻读硕士、博士时的研究方向，曾获江苏省首批青年科技基金资助。在十多年的时间里，刘礼华一直致力于形状记忆合金的研究和产品开发。在与哈工大进行的产学研合作中，他对该合金进行了全面系统的应用基础理论研究，完成了基金项目资助内容，先后发表学术论文十多篇，揭示了该合金性能的变化规律。

当时的日本、美国及德国等国家已形成记忆合金的产业化市场，而国内对记忆合金产品的开发还处于起始阶段。刘礼华他们在理论研究基础上，进行了一系列创新型产品的设计、研制，承担了多项国家级科研项目，所开发的镍钛形状记忆合金、颅骨盖板及固定钉、镍钛形状记忆合金食管支架、镍钛合金超弹性丝材、镍钛合金超弹性眼镜架等产品已通过国家级产品鉴定，皆属国内首创。其中，颅骨盖板及固定钉是国内第一个注册的医疗用记忆合金产品，经国际联检查询，该产品属世界首创。

为此，法尔胜记忆合金项目被国家经贸委列为国家“九五”重点科技攻关项目，所开发的其他高技术产品逐步投放市场。2000 年，刘礼华与哈尔滨工业大学合作的“形状记忆与超弹性 NiTi 合金研究与应用”获国家科技进步奖二等奖。

企业的创新研究开发，着重于市场占有率和经济效益。然而在法尔胜，记忆合金项目迟迟不能产业化发展，直到 2016 年，产品的市场开发仍然处于连续亏损状态，集团不得已而转让该项目给其他专业公司。而随着市场逐步形成，从 2018 年以来，已实现利润回报。“新材料就是这样，越是技术含量高、引领市场走，越需要坚持。”刘礼华说。他也为这产品坚持了 30 年。

工业大奖及碳纤维缆索

刘礼华在法尔胜卓有成效的创新探索，极大地推动了公司的科技进步。“人才优势是法尔胜最重要的竞争力，是企业实现可持续发展最根本的保障。”刘礼华先后主导引进了多位国家级和海外留学人才，围绕国家重大战略搞科研，并且不断取得创新成果。哈尔滨工业大学和南京理工大学相继聘请他担任博士生导师，培养能实战于一线的高科技人才。他更为企业培养了几十名子公司的高层骨干和技术拔尖人才，为打造百年长兴企业提供了有力的人才保障。同时，刘礼华主持创建了企业的博士后工作站、国家认定企业技术中心和国家金属线材制品工程技术研究中心，形成了“一站两中心”的研发格局，成为公司人才和技术的“摇篮”。多年来，法尔胜先后承担国家、省部级科研项目60余项，获国家、省部级奖励20余项。刘礼华一直把科技创新当作第一要务，终使法尔胜成为我国第一批创新型企业和制造业的单打冠军，扛回了分量最重的、被誉为中国工业界“奥斯卡”的奖项——中国工业大奖。

在刘礼华看来，法尔胜泓昇集团的成功得益于两点：“耐得住寂寞”“守得住创新”。但这是建立在与时俱进的基础上的。

2010年以后，中国经济步入深度转型调整期，以传统制造业为主的企业面临更大的转型压力，法尔胜又站在了新的十字路口。瞄准时代前沿，创新发展没有终点。法尔胜的反应永远要快半拍。在法尔胜实现大桥缆索产业国际领先的同时，刘礼华又瞄上了碳纤维缆索，这种缆索的自重量只有钢缆的1/5，但强度却比钢缆还要强50%。2021年5月，刘礼华主持研发的碳纤维缆索已应用于江苏高邮三垛西桥，又创造了一项中国第一。

“人生如画，画的水平高低自由后人去评说，关键在于我们是否用心去创作、去耕耘，而人生的乐趣也就在于创新、创业的过程。”《绳上的“舞者”》在最后用“钢绳博导”刘礼华的话注解了他自己的人生。

（文字整理　蒋国良　李缉宁）

张沪玲

张沪玲，本科就读于哈尔滨工业大学，硕士就读于国防科技大学，毕业后入伍。2015 年转业后，入职江苏法尔胜光电科技有限公司市场部；2017 年入职江阴天人工业技术服务有限公司，主管销售；2019 年入职无锡坚恒专利代理事务所。张沪玲共参加了 20 余次海上航天测控任务，获军队科技进步三等奖 1 项，在核心期刊发表论文 8 篇，国家级会议收录 4 篇，参与编写的 1 部专著在国防工业出版社出版，获个人三等功一次。

有爱相伴　不负青春时光

“在那个年纪做了所有那个年纪的人该做的事”，这是张沪玲对自己在哈工大校园中度过的青春的描述。

以同窗之爱、助人为乐之情为初衷，张沪玲在各项学生活动中积极发挥自己善于与人沟通的特长，主动关心其他同学的生活状态，必要时还会慷慨施以援手。“在我的生活中，力所能及地帮别人一把的事，我会非常乐意去做，除非我能力有限确实是做不到。我觉得这也给我带来了很多意外之喜。”

大学时期的张沪玲

以青春之爱为寄托，张沪玲享受了一场不负韶华、互相理解的校园恋爱。没有小说里浪漫的桥段，没有刻骨铭心的风花雪月，一个外向，一个内敛，在正确的时间里及时地相遇、相知并相爱，她和先生从校园一路并肩走到今天，在这场爱情中，他们彼此充分尊重对方的独立人格。感念于先生的包容和大度，她也全力支持他的理想，“只要是他的理想，我就尽全力去帮助他变成现实。我觉得这也是一个女人所能做到的最浪漫的事”。

以师长之爱相助，张沪玲能够以优异的成绩，在高标准、严要求之下完成自己的学业，毕业时，相爱的两人将因工作分配而被迫分离之际，她得到恩师费尽心血的一纸推荐信：“录用就请成双结对，否则就将二人一同放归自由。”这是对张沪玲自身素质和能力的极大认同，也最终帮助她同爱人一起进入部队工作。

入伍 20 年，拿得起放得下

20 年的军旅生涯里，张沪玲始终谨记丈夫对自己的期许：工作上拿得起放得下。张沪玲也始终遵从自己内心的声音，无论何时何地，都要努力，这样才能与优秀的丈夫站在同一高度，这是幸福生活的本源。

军队，是一个男性占绝对优势的地方，从事通信工作的她，付出了比别人更多的努力，也收获了更多的快乐和成长。她仍然记得第一次随测量船出海执行任务，船刚刚到长江口，胃里翻江倒海，已经到了一口水都喝不下的地步，身体飞快消瘦，她乐观地想，真是一种减肥的好方法。但当呼吸腥咸的海风成为习惯，伴随着一颗颗卫星的顺利发射，航天英雄的顺利返航，这种亲身战斗在一线的荣耀感，已经成为她最美好的人生体验和回忆。正是这份逆境中坚韧的耐性、拿得起放得下的气魄，使她的才能被充分发掘，在自己的岗位上绽放光彩。

2005 年，张沪玲第一次随测量船出海，在经过日本海时日本侦察机和巡逻艇同时出现，出现的那点小小紧张让她记忆犹新；2015 年，她最后一次乘新一代测量船出海，途经钓鱼岛附近，目睹一艘艘插着五星红旗的渔船环绕其外，心中油然而生一股自豪感。20年的军旅生涯，让张沪玲亲身感受到了我国军事科技实力飞速提高，大国威严不断彰显的历程。作为参与这一进程的一员，张沪玲心中始终澎湃着满满的幸福感。

在横跨太平洋的测量船上跑步

人人为我，我为人人的情怀

张沪玲的大学时代，家中正逢国企体制改革、父亲又身体状况不佳的时期，父母面对经常拖欠的工资，有着深深的无力感。为了减轻家里的负担，她坚持勤工俭学，与此同时，还关注着比自己更困难的同学。工作之后，感念母校给予自己学业与成长上的关怀，张沪玲成为哈工大无锡校友会副秘书长，经常活跃在哈工大校友会活动中，为校友服务，也收获成长。

每年的校友年会，张沪玲都和秘书处的校友们一起忙碌，只为让所有与会校友都得到有收获的体验。她曾定期组织校友会收集、清洗旧衣物，捐赠给需要的地区。当衣物匮乏得到解决之后，她又自发组织有意者捐出各自经过消毒处理的文具和书本给有需要的孩子们。张沪玲曾经得到很多校友、战友无私的帮助和支持，她也一直相信，当拥有可以帮助别人的能力的时候，自己也会无条件地支持他们。

“我不能剥夺你学习的权利”

大学期间做家教辅导 4 个学生的经历，成为张沪玲培养孩子的重要经验。她相信，孩子对学习的兴趣和独立思考的能力，远比成绩重要得多。父母应该最大限度地开发和培养孩子独立思考、自主学习的能力，让他们在这个过程中获得坚不可摧的信心。

张沪玲和儿子

在陪伴儿子成长的过程中，张沪玲经常是一个“不称职”的妈妈，儿子有时还要操心给妈妈上上课，认为学习上“我就不为难妈妈了”了，直到初中，儿子才明白妈妈其实没有那么弱，母子二人心照不宣的默契，正是张沪玲充分尊重孩子独立性的最佳体现。

儿子也许永远不会知道，为了迎接他经常“炸毛”的青春期，妈妈读了不下 100 本的相关书籍。

她和丈夫对孩子最大的期望，就是希望他成为一个能独立生活、身心健康、对社会有益的人，仅此而已。无论是学习成绩，还是老师的印象，都不能成为评价孩子的唯一标准。成为一个自信、独立、健康向上的人，比什么都重要。当然，每个人都应该为自己负责，要让孩子明白，他自己当下的每一分努力，都将影响他将来生活的品质和对社会的贡献；而父母努力实现自己理想的样子和过程，就是孩子最好的榜样。

如今，张沪玲的孩子也成功考入哈工大就读，并于不久前出国深造。哈工大之家的三人，仍然在各自的道路上，充满自信地稳步向前。

相互扶持的创业之路

铁打的营盘流水的兵，大部分的军人都会面临二次择业，张沪玲与丈夫也面临这一关。得益于在校友会秘书处的服务，看到哈工大很多年轻的、中年的、老年的创业校友的精神面貌，张沪玲认为创业能真正给社会创造财富，感叹再不创业就真的老了，最后她和丈夫一致决定，放弃国家安置，放弃进公务员队伍的机会，毅然投入创业大军中。张沪玲的丈夫是部队的行政领导，曾经的二等功、三等功、航天基金个人一等奖和总装人才奖都将成为历史，从军人到创业者，对他们夫妻而言，是一个不小的转型和挑战。

从严谨稳定的部队到风云变幻的企业，从曾经的甲方变为乙方，视角和立场的转变是首先需要克服的难关。得益于张沪玲活跃的个性，夫妻二人从没有停止汲取全新的经验，有哈工大校友这个互帮互助的群体，夫妻二人又像年轻人一样开始学习，终于在以LED应用为主的电气行业开始起步和成长。

“规格严格，功夫到家”，深深地融入每一个哈工大人的血液里。事业起步期，张沪玲和丈夫曾经深入生产第一线，严格选料，精心设计工艺流程，使产品能够真正达到精工制造、货真价实。夫妻二人对产品质量与规格的坚持，也让他们得到了目前客户的一致认可。

70后是辛苦的一代，更是幸福的一代。不论是哪个年代的人，大家

张沪玲一家与杨士勤老校长合影

各自的道路或许不尽相同，但生命不息、奋斗不停、终身学习的基调始终未曾改变。生于 20 世纪 70 年代的张沪玲，也在以自己的方式，不断适应时代的变革，并积极参与其中，在时刻相随的爱与温情中，实现自己全新的价值。

（文字整理　张沪玲）

崔万新

崔万新，1975年出生，黑龙江五常人。1998年毕业于哈尔滨工业大学实验技术学院电子工程系，同年入职浙江嘉兴的一家台资企业成为储备干部，并落户嘉兴。在这家台资企业工作的3年中，先后担任了江苏和北京等地分公司经理。2001年在无锡创业，建立5S务实品牌，创建了以5S企业为核心的多家公司。现任无锡务达机械科技股份有限公司总经理。

一个平民子弟的成长历程

我是黑龙江黑土地上土生土长的孩子，父亲是普通的林区工人，家中兄弟三个，我是最小的一个。“穷人的孩子早当家”，自初中起，我就乖巧懂事、自觉学习，成绩逐渐优秀。我以整个学年前四名的成绩考入高中，虽然高考失利却又幸运地被哈工大录取。哈工大是国内乃至世界的名校，能够以“规格严格，功夫到家”为训导鞭策，是我作为哈工大人的骄傲和自豪！

哈工大记忆——匆匆的美好时光

哈工大是我离开林区进入城市学习生活的第一站。在这里，我不仅仅是学习生活第一次走向了独立，更重要的是开始了自我思考和探索，第一次了解了城市面貌，第一次开始了宿舍集体生活，第一次和其他班级一起上公开大课。学校的求学时光是最珍贵的，这段光阴里有温暖感动，更有宿舍、食堂、实验室、图书馆和体育场里留下的青春记忆！

记得刚入学时，班主任张老师考虑我的家庭经济状况，主动帮我安排勤工俭学来缓解经济困难，他能够这样贴心地关心学生的学习和生活，驱散了我心头的焦虑和忐忑，让我在陌生的环境里感到温暖和感动，也让我在最短的时间里找到了对哈工大的归属感。

我至今仍然清晰地记得毕业论文的题目是“稳压电源”，每当想起那个自己设计、自己购买零部件、最终在指导老师的帮助下完美地完成了一个独立项目的过程，欣喜就自然地萦绕心头。还记得上专业课时第一次对模拟信号和数字信号概念的了解，也记得电子电路课程的王喜斌老师给我们讲解时曾自豪地说：“哈工大的电子通信是中国最领先的专业。”虽然我毕业后没有从事本专业相关的工作，但我一直关注电子通信行业的发展和变化，也一直因哈工大人为我国这个行业的发展做出的贡献而感到自豪！

记得当时我们学习的地方是分部，部分学科要到学校本部上课，每次到学校主楼实验室和阶梯教室上课时，都特别羡慕在本部读书的同学，每次去图书馆学习就不愿意回去，现在回想起来还后悔没有多多地汲取丰富的知识，感觉几年时光学习匆匆而逝，特别是进入社会更觉得书到用时方恨少！

毕业合影（三排右五）

由于经济原因，急于走上工作岗位的我没有选择在学校继续深造，也没有选择服从分配到加格达奇的邮电局工作，开始稳定安逸的生活，而是在校园招聘会上通过双向选择到了浙江嘉兴的一家台资企业——浙江东明不锈钢制品股份有限公司做储备干部。

初入职场，良师益友伴我行

我的初衷是将东明作为一块“跳板”，先短暂工作解决经济问题后再继续学业或者谋求更好的就业机会，却没想到这块“跳板”牢牢地吸引住了我。我在这里工作了近三年，遇到了影响我一生的良师益友。

初入职场的我（左一）

进入公司后我才深入了解到，其主营业务是不锈钢紧固件的生产及销售。这家名不见经传的小企业其实在台湾同行业中已经具有一定规模，当时正准备扩张大陆市场，恰逢用人之际，我因此幸运地被董事长亲自招聘且悉心培养，从而与公司同步迅速成长起来。1998 年 7 月，我正式入职。1998 年底我就开始独立出差到广州等地去参加行业内的各种展会。1999 年，我负责在无锡开设了第一家销售分公司并担任分公司经理。2000 年，我又在北京开设了第八家销售分公司，总公司的月销售额也从最初的几十万元发展到 3 亿 ~ 5 亿元。

伴随公司的迅猛发展，我与董事长的经营理念产生了分歧。我对董事长极力销售自制产品严禁外采的经营理念极不理解。年轻气盛的我感受到了市场的热切召唤，萌生了创业的冲动。2000 年底，在为公司签了一个 46 万元的订单后，我不顾公司董事长、总经理和业务经理的多重挽留正式提出了离职申请，而这三个人正是在这三年中对我影响最大的三位良师益友。

董事长知人善用、心胸开阔、宽容大度，对我更是视为关门弟子而倾囊相授。我提出离职后，他让我带他游览天安门广场，与我进行深入交流，对我进行了最后的挽留。更难能可贵的是在我离职后，我们还经常联系并保持着深厚的友谊。

总经理是个典型的严于律己也严于律人的人。三年的言传身教，他的管理理念和他对员工的“多关心、多要求”的六字准则都让我有深刻的体会，并在后来的创业中受益匪浅。

对我很重要的三个人：董事长（左二），总经理（左三），业务经理（右二）

业务经理于我是亲切的兄长，他待人和善、风趣幽默，与之交流迅速提升了我对他个人连带着对公司的认同感，后来甚至他的宗教信仰和价值观也对我产生了潜移默化的影响。

有人说，大学毕业后的第一个工作单位或者说工作的前三年对一个人影响是最大的，我的经历恰好验证了这句话。在这家公司，我积累了管理和销售的实战经验，积累了五金行业的人脉和资源，收获了真诚的友谊，带着几分眷恋、几分决绝，我开始了自主创业的历程。

自主创业，顺境与寻求突破

2001 年 5 月，我办理完交接手续，离开东明来到了我心目中的福地无锡，我第一时间建立了 5S 务实品牌，并注册了无锡务实五金有限公司，主营业务为“Special & Stainless Steel Screw Service”意思就是“特殊的 & 不锈钢的螺丝服务”，以 5 个 S 开头的英文，就是 5S 品牌的出处，也是 5S 企业的缘起。公司经营的产品充分满足客户和市场的需求，销售市场顺利铺开，我又顺势建立了多家分公司。2006 年为了进一步满足市场需求，公司开始购买土地、自建工厂并自主生产。秉承“务实基础，使命必达”的信念，无锡务达机械科技股份有限公司应运而生，公司也正式进入制造业。2008 年以前，公司发展可谓“顺风顺水”，巅峰时期员工达到 100 多名，年销售额上亿元，产品远销俄罗斯、意大利和中东等多个国家和地区。

2008 年金融危机席卷全球，对外销占比较大的出口业务产生了巨大的冲击，同时随着不断扩张，公司运营开始出现管理漏洞、分公司人员离职、呆账坏账等各种情况。公司发展陷入了一个束缚着我的怪圈，我不得不成为“消防队员”，马不停蹄地解决公司内部出现的各种问题，同时开始多方探索寻求突破桎梏的机会。2012 年，我有了建立互联网电商平台的想法，注册了“工业之米”品牌，试水建立工业五金的互联网销售平台，并提出了“货物托管、货款托收、大数据服务”的经营概念，不断迭代经营模式，在2015年新募集了合伙人资源尝试“数据优先”的轻资产运行方式，打造“工业品交易的信用环境”，但由于资源限制，寻找资源的思路和认知受限于老的认知边界和观念，未能进入高速发展的快车道而错失机遇不得不搁置。

创业的过程中，特别是遇到挫折的时候，我逐渐理解了东明董事长的经营理念，一个公司的发展和管理要走向正规化和规模化，那么总公司必须为分公司制定严格的规章制度、行为规范和职责目的，而公司的管理者也一定要认识到自己的局限性，要心胸开阔、突破藩篱才能时刻进行思维方式的重建，突破自我才能广纳良才、知人善用从而迎接新的挑战，唯有这样的成长和进步才能够支撑远大的梦想。

与杨士勤老校长（中）合影

近几年来，我的心态渐渐趋向平和，不再年轻气盛、急功近利，我开始沉静下来认真反省，密切关注市场，适应环境顺势而为，同时为二次创业做好身体、知识、资金和人脉等诸多方面的准备。

人生感悟，自我认知与突破

适逢百年校庆，无锡校友会秘书处鼓励我出一篇稿子，给未来的学弟学妹们提供一些参考和启迪。回首 20 多年的求学、工作与创业的经历，我认识到人生就是一个不断认识和突破自我的过程，无论你选择哪条道路，经过努力都会有你的绽放时刻，下面结合我的经历给和我一样的子弟讲讲我的几点感悟，希望能带给大家一点启示。

第一，要尽量争取学习深造的机会，不要囿于经济因素给自己太多的压力。当你走向社会，就会发现那点金钱真的不算什么。我至今对于当年没有继续深造而深感遗憾，我的选择继续深造的同班同学，现在已经是华为这种跨国公司的高管了，所以如果有继续深造的想法不要因为经济问题而放弃，因为青春时代校园里的美好时光一去不复返，而你获取的知识、结识的朋友可能影响你走上社会时起点的高度、看世界的广度、思考问题的深度。

第二，要有意识地拓展自己的朋友圈，维持良好的人际关系。我的产品是工业五金类零部件，我很荣幸能成为无锡五金商会的副会长兼任秘书长，负责无锡五金商会本地区的商圈日常活动。行业内互相学习取长补短，促进了企业的创新改进、行业的发展。我的籍贯是黑龙江，在江苏的黑龙江经商人员组织发起了“两江赤子，商汇共赢”的商圈，通过各种活动，整个江苏省的龙江商人互相交流、互相深入了解，共同发展。

第三，要坚定自信，走自己的路。简单照抄可能会赢得短期的快速发展，但达到一定规模后，简单的复制经验可能让你的事业发展陷入瓶颈。

我的公司在2008年后运营出现各种问题，就是由于我的知识广度、管理水平和人脉资源没有得到及时有效的拓展。

第四，要勇于突破自我，不要轻易给自己设限。一个人的现在都是由他过去的若干年里的知识、经验、人脉资源积累而决定的。无锡务实五金有限公司在前八年里的顺利发展就是得益于我在东明工作三年积累的管理、销售经验和人脉资源，但是当公司想要寻求更大的发展，就要实现自我和用人两方面的突破。突破舒适圈的过程是痛苦的，但却是实现更远大梦想的必经之路，经历了这个过程的蜕变才是真正的成长。

2001年，我选择无锡这个民族工商业名城作为创业根据地，这里经济活跃，民营企业众多，为我创办的5S企业提供了坚实的发展基础。2012年，我与无锡校友会结缘，并积极参加了之后每一年的校友年会，深刻感受到了哈工大无锡校友会的凝聚力。适逢母校百年华诞，衷心祝愿母校发展越来越好，也祝愿无锡校友会更加团结、更有战斗力！

（文字整理　刘桂英）

王海峰

HAGONGDA REN ZAI WUXI

HARBIN INSTITUTE OF TECHNOLOGY

王海峰，1976 年 11 月 11 日出生于江苏江阴。高级工程师、全国注册一级建造师、全国注册一级造价师。1995 年考入哈尔滨建筑大学交通学院，1999 年取得学士学位，同年入职江阴市市政公司。2004 年 3 月成立江阴市新远见工程有限公司，担任副总经理。2016 年 9 月，作为创始人成立江苏宝丽轻金属技术有限公司，担任公司法人，从事户外合金复合地板研制生产。

不忘初心　砥砺前行

春深5月，一个清爽寻常的夜晚，几个人影缓步走在绿意浓重的小径上。他们闲聊起各自刚结束的五一假期，无一不提起在各种景区见到过的破损、朽烂的木质路面，对美观和安全都有极大危害。那一晚几个人关于如何解决这一问题的讨论，竟一直延续了下去。4个月后，他们成立了一家专门做户外地板的企业——江苏宝丽轻金属技术有限公司，王海峰正是从这条小径走出来的创始人之一。

王海峰出生于江阴市的农村，那时的乡间多是土路，天气晴朗时尘土飞扬，骤风急雨中泥泞难行，行走在青草混合着泥土的芬芳中，他还不知道，自己的一生都将与脚下的路紧密相关。1995年，他考入哈尔滨建筑大学交通学

家庭合影（张晓燕、王一苇、王海峰）

团队合影（左二）

院——即哈尔滨工业大学交通学院前身。在校期间王海峰攻读交通工程专业，以优秀的成绩完成学业的同时，也在那里遇到了自己未来的妻子，同级暖通工程专业的张晓燕。6年后，他们一同回到了王海峰的家乡江阴。

王海峰首先入职江阴市市政公司，从事工程项目管理，爱好钻研敢于创新的他，从技术研发到施工现场的工作无所不及。参加工作后的第四年，公司进行私有化改制，他把握机会、整合资源，成立了江阴市新远见工程有限公司，并担任副总经理。随着公司的平稳运营，他将对工程项目现场的精力部分转移出来，组织了五六个各行业志趣相投的朋友，一有时间就商讨各自行业存在的各种疑难杂症，然后从不同行业、不同专业的角度提出各自的意见及可能的解决方法。他希望尽自己所能为行业和社会发展多做一些有用的事，进而开辟出有意义的事业。他们前后构思了十几个比较实用的仪器设备、实用工具，花了大量时间讨论与论证，但是大部分由于技术问题、材料原因、市场接受程度、安全使用及经济可行性等因素，没有落实到具体生产，直到 2016 年 5 月的那个晚上。

他们在某个专题探讨的休息间隙，发现了一个几乎是全国景区的通病：里面的防腐木普遍受损，而且翘曲、变形、开裂甚至断裂，普遍存在较大的公共安全风险。王海峰兴奋地想："如果能解决这个问题，那也算是为社会尽一份力啊！"他与同伴一拍即合，开始了对解决方案的探索。

其实在此之前，王海峰曾接触过铝合金栏杆的开发项目，充分了解了铝合金材料的一些特性，尤其是高强度性及表面喷涂颜色的丰富性。当时的他曾经有过用铝合金制作户外地板的想法，但是苦于无法解决铝合金的耐磨性（表面喷涂层面）问题，无奈放弃了。而这次"往事重提"，通过与各专业朋友的讨论，从可行性到实施性问题的顺利解决，前后仅仅花了 5 分钟。高分子材料专业的朋友解决了材料的耐磨性问题，结构专业的朋友解决了铝合金和高分子材料结合的结构模式，二人合力把整体制造工艺的流程也解决了，而机械制造专业的朋友根据工艺流程，把制造设备的构思也列了出来。接下来的几个月，他们就具体细节问题展开商讨，直到 3 个月后各类细节完美落实。2016 年 9 月，江苏宝丽轻金属技术有限公司成立，合金复合地板项目正式上马。至 2020 年为止，宝丽仍是唯一的户外合金复合地板厂家，注册了"宝丽木""BonnyWood"等商标，目前申请了近 20 项合金地板的专利。

在初步选定材料（铝合金 + 高分子材料）后，第一个艰巨的任务就是自己研发生产设备。由于合金复合地板本身是一个空白，生产设备根本无现成的产品可用来参考、借鉴，一切只能从零开始。从 2016 年 9 月至 2018 年 9 月整整两年，攻克各种问题和难关，他们终于完成了第一套半自动原型机，顺利生产了一批样品，借此他们完成了浙江省台州市黄岩地区当年重点工程之一——永宁江人行桥的桥面合金地板铺装，整体效果也让自己和用户都颇为满意。

2019年对王海峰和他的团队而言，是为提升产品性能而争分夺秒的一年。研发团队首先对面层材料进行改性，其中耐磨性和柔软舒适性是一对矛盾体，当时户外地板相应的规范只对耐磨性提出了要求，柔软舒适性尚未有标准。团队在满足耐磨性的前提下，大大提高了产品的柔软舒适性，同时提高了面层的抗紫外线、耐盐碱、耐高低温、抗疲劳和抗冲击等方面的性能，满足从高山到平原、从海边到内陆及从严寒到高温等不同自然环境下的使用。在多个项目实施及总结过程中，也发现了不少瑕疵。刚开始发现了安装效率不高的问题，他们便改进了连接结构，大大降低了安装的劳动成本。进而他们又对一些收边、衔接、行走感受等细节问题进行了收集，然后对产品进行了细微处的改进。就这样经过一轮又一轮的改进，公司的产品一点一点趋于完善。

与校友王发盛二十年聚会合影（右一）

公司产品在短短几年内快速发展的背后，是

始创团队无数不为人知的艰难和义无反顾的拼搏。2018 年，因行业不景气，一个合伙人所在的曾在本地做得轰轰烈烈的老牌企业倒闭了，他因太多的善后事项需要处理，便退出了合伙。2019 年，王海峰清楚地记得那一天是 1 月 4 日，负责面层弹性体材料研发的合伙人忽感身体不适，去医院检查被诊断为癌症晚期。在与癌症抗争日子里，他凭借着超乎常人的意志，规划好了宝丽合金地板面层材料的基本路线，完成了面层材料的各种改性以及材料的生产问题，一刻不敢停歇地处理公司的相关工作，而最终于 2020 年 1 月 15 日去世，终年 60 周岁，他用自己生命最后的一年，给宝丽下一步前行铺平了道路……

王海峰想要铺就一条美观、舒适且平坦的路，但他比谁都明白，通往成功的道路，从不平坦。而也正是这条布满艰辛的路，带他走过田间沟壑，跨越北城南国，穿越时光和思念，一念向前，万山无阻。

（文字整理　王琳月）

谢云新

HARBIN INSTITUTE OF TECHNOLOGY

谢云新，1976 年出生于江苏无锡，1995 年考入哈尔滨工业大学电气自动化专业，1999 年取得工学学士学位后，回到无锡进入小天鹅股份有限公司工作，2001 年进入西门子（中国）先后担任工控产品销售、区域经理，2008 年离职后持续创业，2017 年成立卡普婚姻服务公司，组建映心红娘之家，为高素质单身青年提供婚恋匹配服务。为哈工大无锡校友会提供“哈工大之家”实体平台，可供校友进行洽谈、聚会、商业合作等。

送给哈工大人的“家园”和“佳缘”

晚上八点，蠡溪西苑的一间茶室里人影憧憧，一群老友正围坐在一起愉快地喝茶聊天。他们是卡普的“红娘”，正在讨论如何更好地服务前来觅缘的单身会员，坐在他们中间手握一杯清茶很少发言的，正是谢云新。

谢云新是土生土长的无锡人，家中排行老幺，他的父亲得此独子时已40多岁，家中还有3个长他很多的姐姐。家人对他特别照顾和关爱，却让他更早地有了尝试独立的意识。高三那年，怀着“好男儿志在四方”的执念，他把一所远方城市的大学——哈尔滨工业大学写进了第一志愿，并顺利地被电气自动化专业录取。而他再度回到无锡也是因为自己的家人，1999年完成了四年学业后，“父母在，不远游”的牵挂，让他再度回到了自己的家乡。

谢云新常用“天马行空”形容自己，作为一个电气自动化专业的毕业生，先是在小天鹅股份有限公司技术部门工作，受母校做事风格的影响，他对技术工作严谨较真，工作第二年便升做技术管理，后加入西门子（中国）担任产品销售、区域经理等职务。2008年离开西门子，开始了持续创业，至今已开展了十余个项目，从电器设备到智能家居，从定制橱柜到家装公司，一直到现在的婚姻服务公司，所涉及的领域不拘一格，自由广泛。谈起为什么会开始这些创业项目，他说自己脑中经常会冒出很多想法，只要觉得这件事对人有益、有实现的价值就会去做，他给自己定下的目标是每年都能开展一件事，虽然不一定每一件都做成，但是他会努力地做下去。

他的第一次创业始于大学期间，2000 年之前私人计算机非常少，他敏锐地察觉到了大学生对于计算机应用的需求，便向自己的同学借了四千块钱，购置了一台计算机用于租赁。通过收取租金不断购置新的计算机并再次出租，就这样几年下来他积累了很多台计算机，但是他并没继续进行计算机租赁或开一间网吧。“人们聚在计算机前会抽烟、会熬夜，对社会没有什么益处”，抱着这样的想法，他开了一个计算机培训班，招收到了各式各样的学生，有放暑假的初中生，也有从农村进城务工的青年。他现在依然记得第一个来报名的小孩，直到现在他们依然有联系。他觉得用自己的力量做了一件使自己和他人都能获得幸福的好事，他笑称：“那些年一直围着计算机转，现在见到计算机真是一点都不想碰了。”

2008 年的一天，谢云新接到了一个校友的来电，提到了校友会的事情。从母校毕业多年，第一次了解到哈工大在无锡有校友会，于是他欣然接受了校友的邀请加入了校友会，而这位校友就是哈工大无锡校友会的第一任秘书长吕乃昌（现南京三特公司总经理）。谢云新回忆道：“乃昌在那段时间里至少打了上千个电话，联系了在无锡的数百个校友，组建了新的理事会、秘书处，选举了会长以及组织了第一届哈工大无锡校友新春联谊会。毕业多年后，乃昌又让我想起了校训，很是佩服他的孜孜不倦，勤恳踏实。要知道，每位刚踏上社会的大学生压力并不小，忙于创事业、忙于工作、忙于生活中的得与失，而像他这样长期坚持不计报酬地为校友会工作，付出这么多时间和精力，实在让我佩服。”谢云新从此加入了秘书处的工作，这份母校的情谊让他在这里结识了很多朋友，校友们在各领域的成就也让他心生敬佩，见贤思齐。同时，他也跟一些校友有了合作，甚至一起创业。

谢云新常常说，相比自己为校友会做出的贡献，他感到自己获得的反而更多。他一直记得刘礼华会长在十年前的一番话：希望无锡校友会能够具备自我造血的功能，能有一定的收入维持校友会的良好运行，甚至有校友会专属的地方和专人办公。谢云新从未放下这件事，他曾设计过一些方案，但效果不够理想。2020年的秘书处会议重新讨论这件事，他提出可以将自己在蠡溪西苑的小茶楼提供给校友会作为实体平台，校友会可以在这里组织活动，更欢迎校友们常来喝茶聊天，他希望在母校建校一百年之际，把这件事切切实实地做起来。

与此同时，谢云新表示这个校友之家也可以为校友的产品提供销售平台，只要校友手里有适销对路、品质优良的产品资源，都可以来这里进行展示销售，并能给购买产品的校友一定的折扣。这个平台让更多的好资源进来，也给广大校友提供优质、价廉、放心的产品，目前李飞校友的产品益生元正在平台上畅销。谢云新希望在平台上产生的销售额，销售方能留出一部分利润（比如10%），直接交由哈工大无锡校友会，用于为大家组织更好的活动，提供更多便利。

作为校友会单身群的联合发起人，谢云新常常跟自己的红娘团队说，一定要把最好的资源匹配给哈工大的单身校友们。婚姻服务相关的工作，其实他从2013年便开始了摸索，正是因为这七年的积累，公司获得了大量的优质渠道资源和“资深红娘”资源，现在业务的快速推进则是水到渠成。而在业务的收费上，他坚持要等会员成功领证结婚后在自愿的情况下再收费，有明确的标准却绝无强制的要求。谢云新常常说自己其实非常内向，特别不愿意麻烦别人或让他人感到不舒服，生意上如果他自己去要钱常常是要不来的，而也正因为他的这种“内向”，反而获得了客户和合作伙伴的长久信任。熟悉他的人都能理解他在收费这件事情上的“佛系”。谢云新表示，如果校友在他这里找到了意中人并结婚，希望他们能将“喜钱”中的一千元捐给校友会。

当被问及这么多次的创业中如何判断一个项目是否成功时，他笑谈自己的目标从来都不高，首先能获得精神上的满足，用有限的生命做有意义的事；其次能给自己赚一点收入，获得相对自由的生活，便满意了。至于一次创业生命的长短，他想，大概只是为社会多做一些好事，还是少做一些好事的区别罢了。

谢云新（右一）与合作伙伴

（文字整理　王琳月）

魏利岩

魏利岩，1979年出生，中共党员，高级工程师。2002年，本科毕业于哈尔滨工业大学热能与动力工程专业，获得工学学士学位。2008年，研究生毕业于南京大学企业管理专业，获得管理学硕士学位。先后担任无锡华光锅炉股份有限公司（600475.SH）董事会秘书兼公司办公室主任，无锡国联环保能源集团有限公司投资管理部经理，天津世纪天源集团股份有限公司（831948.OC）董事长等职务。现任职于无锡市惠山国有投资控股集团有限公司常务副总裁兼投融资副总裁。

从工程师到经理人的转型之路

理论与实践相结合，在工程师道路上创新突破

“梦想不会发光，发光的是追梦的你。”1998 年 8 月，魏利岩收到了来自哈尔滨工业大学热能与动力工程专业的录取通知书。这所被誉为中国“工程师的摇篮”的高校成了他梦想开始的地方。四年来，魏利岩在母校哈工大打下了扎实的专业基础，并收获了强大的精神财富。魏利岩常说：“在哈工大的学习经历，让我终生难忘，为我之后工作打下了很好的基础。在学校培养的良好学习习惯，一直陪伴和激励着我成长为更好的自己。”

“规格严格，功夫到家”这八个字的哈工大校训深深印刻在魏利岩的心上，成为他人生道路上不断践行的执着信念。2002 年，魏利岩通过校园招聘成为江苏双良集团的一名工程师，踏上工作岗位后，他牢记校训，带着勤奋、严谨、务实、自律的工作作风，将学到的理论知识和大学实习经验，及时地消化、吸收并灵活运用到实际工作中，真正做到学以致用，用以促学。刚进入公司，他发现公司的每台产品在出厂前都需要经过多轮性能调试，不仅费时耗能，而且效率较低。他想：“能不能找到更好的办法，既节能降耗，又提高效率？”为了解决这个问题，他从请教车间工人和工程师，到研究技术图纸和查阅有关资料，从分析运行数据，到组织安装调试，最终提出设计“燃烧器测试中心”的方案，得到公司领导和专家认可后，

他主动承担项目产品研发任务，加班加点完成了项目产品的全部设计图纸，获得了公司领导和同事的好评。

人生就是不断选择的过程。2004 年，正值全国最早的 A 级锅炉制造企业之一——无锡华光锅炉股份有限公司 IPO（首次公开募股）后，首次公开启动市场化人才引进工作。持续追求进步的他，通过招录把握住了这次难得的机会，成为技术研发中心的一名工程师。他凭着良好的工作素养和扎实的技术功底，被公司选为重点培养的青年技术骨干。勤学好问的他，通过公司相关岗位的挂职锻炼后，很快掌握了主要产品的生产工艺流程。四年时间内，他从车间主任助理到车间副主任、质量管理办公室副主任，再被提拔到总师办主任岗位，成为公司里最年轻的中层干部。

一次次实践、一次次创新，工作的磨砺让青涩的他不断成熟，也让他的研发之路越发专业。他先后获得了多项国家发明专利，他主持设计的“一种改进型耐高温、高压的人孔检修门”“一种改进型循环流化床锅炉用调风门”等技术专利，为公司创造了较好的经济效益；他撰写的《GB 713 修订前后锅炉用钢板性能比较分析》等多篇论文发表在核心期刊。他代表公司参与了 CJJ 38—2010《城镇地热供热工程技术规程》等标准的修订，还曾获得“无锡市科技进步一等奖”等荣誉。2011 年，32 岁的他被聘任为上市公司董事会秘书兼公司办公室主任，成为公司里最年轻的高管。

从技术转向管理，在经理人岗位上担当作为

从技术岗位到管理岗位，魏利岩一直坚持不断地学习和总结，力求在实践中成就更好的自己。2014 年，公司面临产业转型和资源整合的机会，上市公司的股价与业绩息息相关，做强做大上市公司市值是高管团队的重要课题。作为公司董事会秘书，主要负责资本运作和信息披露，他多次与券商、会计师事务所、律师事务所等中介机构反复研究重组方案，多次去

市国资委、江苏省国资委、上海证券交易所、证监会等请示沟通汇报，从拟订方案到尽职调查，从审计评估到上会通过，最终顺利完成了上市公司与控股股东的产权置换。通过资产置换交易进一步健全了上市公司产业链，大幅减少关联交易，为以后的产业链整合和业务发展奠定了良好基础。该案例成为江苏省首家上市公司产权置换案例，他也在当年获得了2014年“上市公司最佳投资者关系管理奖”等荣誉。

机会总是留给有准备的人。2015年，魏利岩调任无锡国联环保能源集团有限公司投资管理部经理，负责投资并购和投后管理等业务，同时兼任无锡惠联热电有限公司董事、无锡市政设计研究院有限公司董事等职务。作为集团公司投资评审委员和风控委员，他多次参与投融资评审和风险管控工作，完成了无锡国联环保科技股份有限公司股改并成功实现新三板挂牌、收购天津世纪天源51%股权和投资设立售电公司等项目。作为整体上市项目组成员，他参与完成了华光股份整合国联环保能源资产实现整体上市，提升了国联集团资产证券化水平。华光股份成为江苏省首家既实现整体上市又实施员工持股计划的国有控股上市公司。

魏利岩（后排左六）主持收购山东沾化奥达公司签约仪式

为了加快集团公司投资业务“走出去”步伐，迅速占领北方清洁能源供热市场。2017 年，组织任命、委派他担任天津世纪天源集团股份有限公司董事长，带领世纪天源管理团队实现公司转型升级任务。第二年，公司实现营业收入同比增长 69%，利润总额同比增长 84%。经过一年多来的投资布局，公司初步建立了“项目开发、投资评审、建设运营”标准体系，形成了“以天津为核心，河北、山东为两翼”的清洁供暖市场布局。

2017 年 9 月魏利岩（右五）向河北省衡水市委副书记吕志成汇报项目建设情况

魏利岩从工程师到经理人的转型之路，既是学习之路，又是实践之路。工作以来，他一直没有放松自我学习和业务培训，通过在职学习，考取了南京大学企业管理专业硕士学位，先后取得董事会秘书资格、证券从业资格和基金从业资格等证书。工作期间，他多次参加上海证券交易所、香港联合证券交易所、中国证监会等组织的培训。作为后备干部，他先后参加了中央团校央企优秀基层团干部培训班学习、无锡市委组织部举办的“第八期厂长（经理）后备人才培训班”学习、无锡市委组织部举办的“第八期青年干部培训班”学习、第十六届清华大学中国创业者训练营培训等。

“事业心强，乐意为自己设置挑战性目标，希望追求高绩效和成就。有干劲，随时准备向传统或低效率挑战，不受或少受人情世故影响，能够排除困难与阻碍，带领团队完成工作任务，达成组织目标。”这是中国人才管理知名品牌北森机构对魏利岩的评价。

2019 年 3 月，魏利岩调任无锡市惠山国有投资控股集团有限公司党委委员、常务副总裁兼投融资副总裁。他发挥业务所长，积极参与惠山国企改革，围绕集团公司改组改制，按照“整体运作市场化、企业管理集团化、业务管理专业化、资产管理证券化、债务管理资本化”发展思路，从“投资、融资、建设、运营、管理”五方面有序推进落实各项工作，协调组建了城市建设、城市运营、产业投资、金融服务等一级子公司。为完善公司法人治理结构，加快实现产城融一体化步伐，积极贡献力量。

魏利岩（后排左五）接待哈工大“百名博士进企业”

一个人的成长和进步离不开良师益友。他作为哈工大无锡校友会理事和天津校友会理事，利用工作之余，积极参加校友会活动，结识更多优秀校友，帮助有需要的校友，增进同窗友情，促进事业进步。工作中遇到难题时，他与学校老师联系；在重要课题和成果鉴定方面，多次邀请秦裕琨院士、赵广播教授等来公司交流指导工作，积极促进校企合作。在大学生暑期实践活动中，他热情接待李峰老师和年轻校友来公司交流实习，也曾代表公司返回母校组织招聘工作，加深校企互动和师生交流。

“路漫漫其修远兮，吾将上下而求索”，这是魏利岩的座右铭。从松花江畔到太湖之滨，从工程师到经理人，回顾大学毕业以来的工作经历，他感慨道：“天道酬勤，做人要正，做事要奇。感谢母校的培养，作为一名哈工大人，无论走到哪里，都要努力为母校增光添彩。”怀感恩之心一路走来，存敬畏之念砥砺前行。尽管已经不再青春年少，但他依然对工作保持着一颗专注勤勉的初心，在不同的岗位，将他的热爱和执着发挥得淋漓尽致。

（文字整理　王琳月）

武凤伍

武凤伍，1979年生于安徽省淮南市，1998年考入哈尔滨工业大学机电控制及自动化专业，连续完成本科与研究生学业，2004年研究生毕业至今，就职于深南电路股份有限公司，先后任工艺工程师、生产经理、技术经理、工厂总监职务，现任深南电路有限公司PCB事业部无锡一厂总监。

“中国技术”的梦与歌

1998年的夏天，汹涌的江水涌上哈尔滨的沿江大堤，船舶驶向街道，街区一夜成泽国。在整个城市众志成城的氛围中，武凤伍第一次踏上了哈尔滨火车站的站台，涉水前往哈尔滨工业大学报到。

武凤伍是家中唯一的大学生，排行老三的他，上有早早开始工作养家的哥哥和姐姐，下有年纪尚幼还在上学的弟弟和妹妹，考大学那年他心里只有一个想法，用最少的钱把书念完，尽快赚钱贴补家用。从了解他情况的老师那里他听闻一所“专业好、花费少、好就业”的大学——哈尔滨工业大学后，便一心报考，并顺利考入机电控制及自动化专业。完成本科学业后，他本打算带着四年所学尽快就业，但父母对他读书的坚决支持，让他在研究生院又继续了两年的学习。硕士毕业时他婉拒了导师让他留校深造的邀请，只身前往深圳。他深信，在这个中国仅有的“改革开放之窗”，他一定会找到属于自己大有可为的机会。

那一年，与他共同毕业的同学基本都选择就职于研究院所或大型企业，只有他一心想往民企钻。他那时的想法很简单：一不怕苦，二不怕累，就是希望能跟民营企业一起踏实成长、快速壮大。这时一家深圳的企业对他敞开了大门，时任企业总经理的闫海忠也是哈工大的校友，一下便看中了这个充满干劲的小伙子，立刻将他招入麾下，从此武凤伍和这家名为“深南电路”的企业紧紧联系在了一起。

他的第一个职位是印制板工厂的工艺工程师，很多人都嫌工厂的工作辛苦，但他却乐在其中。没事就喜欢跑到生产线上，跟踪产品的加工，与操作人员讨论问题，跑累了就回到座位上写报告和总结。工艺技术上让很多同事犯难的问题，他三两下就解决了，在大家惊讶的目光中，他总是一脸真诚地说“这个老师讲过的”“这个大学时学过的”……那时的深南电路刚刚经历业务升级，从利润异常可观的游戏机PCB（印制电路板）业务，转向研发难度更大、技术壁垒更高的通信PCB业务。深南电路以最快的速度完成了转型，也迎来了通信行业的快速发展时期。武凤伍对自己的工作状态很满意，也对这份事业充满了斗志，但一次参观的经历却给他的满腔热血浇了一盆冷水。

当时印制板供应产业是以美、日等企业为主导的，规模和技术上都比较领先。一次，他去一家规模较大的外资企业参观，发现在新的技术领域他们还有很长的路要走。从此他似乎对工作更“执拗”了，技术上的问题从不妥协让步，第三年升任工艺主管，负责工艺技术的同时，一起参与生产管理。一年后因为工作需要，直接负责工厂的生产计划部。新的工作岗位既熟悉又陌生，一切都需要从零开始，良好的技术工作经验和在大学里选修管理学、经济学的基础，使他在技术管理和经营管理上快速上手，但是人员管理上的难度却是他未曾预料的。曾经的技术团队最多只有十几人，但现在他却要管理七八百人，虽然努力向同事请教学习，参加相关的培训班，但当时年仅28岁的他还是感到了前所未有的压力。在这个岗位上超负荷地支撑了5年，他又回归技术管理岗位，这让他有了更多的时间思考和沉淀，静下心来琢磨自己过去几年的工作。他开始一本接一本地读书，一年内就读完了十几本经济学、管理学、心理学原著，之前工作上的很多困惑和问题似乎都迎刃而解。一年后他又重回到生产管理岗位，从此快速成长为公司核心骨干。

那时深南电路生产的通信印制板，主要供给当时正在起步的华为、中兴及其他中小型优秀民企，技术含量更高的PCB业务都被外资企业占据，而这些外资企业却并不重视当时体量较小的内资通信企业。所以那时武凤伍的目标就是让工厂对接国内企业的需求，向国际上的先进技术靠拢，同时根据公司统一规划要求提高经营效率，降低产品价格，形成自主技术的快速迭代。在PCB发展的早期阶段，工厂里采用的设备、材料、零部件很大部分都是进口的，而在供应商那里排队却是常态。后来，在公司的安排下他决定试一试国产设备。设备厂家把修理调整后的机器一次又一次送过来，跟他说："试一下吧！不合格？等我修好你再试一下。"他们就这样把国产设备从原型机不断磨炼为成熟产品。在那样的条件下，PCB生产技术和国产设备的每一次提升都极为艰难，但武凤伍现在回想却无比庆幸，"我们如果那时自己不进步，现在凭什么跟国外比竞争力呢"。现在国内很多厂家的设备、材料已获得业内广泛认可，甚至做到全球出货量第一名，而武凤伍所在的深南电路也成长为民用通信行业中，全球领先的PCB供应商。

2018年，武凤伍任深南电路有限公司PCB事业部无锡一厂总监，携全家定居无锡。新工厂的业务不断拓展，产品技术快速进步，这也是武凤伍多年的愿望。工厂的效益越来越好了，公司的产值也超过了百亿，但他却给自己定下了一个目标：不断开发新技术，使公司成为全球通信和数据中心最领先的PCB供应商。他很清楚做这件事要花费很多精力，而短期内可能无法快速见效，但他还是亲自上阵，拜访客户的技术人员，因为他越来越明白，很多事情有着必须要去做的价值和意义。

武凤伍时常会想起刚工作时闫海忠校友对他说"我们要做就做最好的"，他也亲眼见证了这个愿望一步一步地实现。那些曾经觉得遥不可及的标杆企业，有些已经在与中国技术的厮杀中慢慢退出了竞争舞台。技术壁垒被一个个打破，实力差距被一次次跨越，只用了20年的时间。他很清楚向前的道路将艰难异常，但他也看到了越来越多的人在这条路上与他并肩同行，正是这样一群人的无数个波澜沉浮的20年，成为他对工厂的信心，对行业的信心，更是对中国技术的信心。

（文字整理　王琳月）

恽惠德

恽惠德，1972年8月出生于江苏省江阴市，中学就读于江阴市中学，本科就读于南京工业大学化学工程专业，研究生就读于哈尔滨工业大学材料工程专业。历任江苏法尔胜缆索公司办公室主任，江苏法尔胜新型管业公司副总工程师，2010年创建飞天云工作室并主持工作至今。

飞天云工作室

飞天云工作室的创始人恽惠德先生，是一名充满激情的哈尔滨工业大学校友，真正意义上白手起家的无锡人。

走进飞天云工作室，“规格严格，功夫到家”八个大字异常醒目，了解的人都明白，这是哈工大的校训，用恽惠德自己的话来说，“校纪铁训，时刻要铭记于胸，不忘初心。这要求我们走出校门以后还是要永远保持严谨踏实，说真话做实事，为追求科学真理而时刻警醒与鞭策自己”。

聊起与哈工大的渊源，恽惠德介绍，那是在 1998 年的时候，江阴的上市企业法尔胜集团与哈工大实行战略合作，培养骨干大学生员工攻读材料学院的工程硕士，他是这一批幸运儿之一。

恽惠德于 1996 年从南京工业大学化学工程专业毕业，当时大学生毕业就业已经取消包分配政策，均需双向选择并自主择业。法尔胜公司时值快速发展时期，渴求人才并年年招重兵买良马。大学期间表现优异的恽惠德，在人才市场招聘中被家乡企业一眼相中。而恽惠德在大学期间也一直是青年才俊里的佼佼者，在校期间学习认真刻苦，取得了高数满分、所有实验全优的成绩，并担任化学工程系学生会主席，是一名优秀的学生干部，每学期均获得重点奖学金，在校期间还加入了中国共产党。

在法尔胜工作期间，恽惠德非常敬业爱岗，重视再学习。因工作需要短期内快速提升英文听说能力，他在一年里啃下了一本英文字典，在江阴市区组建最早的英语角。凭借过人的项目组织能力以及扎实的基本功，他参与实施了多个重点项目的筹划与建设，譬如，享誉中外的法尔胜缆索公司、法尔胜管业公司等，拿下江阴长江大桥、西气东输等多个国家重点项目的竞标、项目组织与实施。

在攻读哈工大工程硕士期间，恽惠德印象最深刻的是罗守靖导师从校训“规格严格，功夫到家”将其引入门，要求从课题研究到论文写作、文献参考，都不得有半点虚假和马虎。项目课题研究与论文答辩过程中，诸位教授的严谨治学和高尚师德，深深影响着恽惠德以后的人生。在法尔胜工作的14年间，恽惠德先后参与了数十个国内外重点项目工程建设，通过自己的刻苦努力，不断探索总结，从一个默默无闻的年轻人，逐渐成长为行业专家，发表十多篇专业论文，先后被聘任为中国工程建设标准化协会管道结构专业委员会理事、全国非金属化工设备标准化技术委员会委员、中国管理科学院特约研究员。在项目建设与施工工程方面积累了丰富的经验，也为其后来全新领域的创业打下了坚实的基础。

1998年建设江阴大桥

机会总是留给有思想有准备的人。2006年初，通过自身积累与努力，恽惠德入手一套空中别墅并在三年后启动装修，细心的他发现装修市场鱼龙混杂，大部分业主怕装修、怕被坑骗。因此他团结了几十个一起装修的邻居朋友，自发组团购买建材，获得了很多非常重要的信息，其中一个成功秘诀就是，自己去谈的价格，肯定低于商家或者商场任何活动给出的价格。装修结束后的很长一段时间里，爱琢磨的恽惠德跑遍周边装修市场，对这个行业的各方面均进行了更深入的调研。在此过程中，不断有人找他咨询关于装修的问题，请他帮助购买装修材料，甚至有人愿意为此付费，深谙材料知识和施工工程质量重要性的恽惠德，决定自己创业。在家人的支持下，他毅然辞去法尔胜集团的工作，于 2010 年 3 月成立了“飞天云工作室”，开始了自己在全新领域的创业——家装顾问。

“飞天云工作室”创立初始的业务主要来源于有装修需求的求助者，还有江阴或者无锡当地的朋友、同事、校友，大部分客户都是冲着“省心省事省银子”找过来。常言道“无商不奸，熟人常宰客”，但在恽惠德眼里，每一位上门的陌生求助者或者熟人都代表着对自己的百分百信任，任何一个环节出错，对客户来讲，都是伤害或者百分之百不满意，所以，把客户做满意并且感动客户一直是飞天云工作室的服务目标。恽惠德常说：“我开工作室就是要实实在在为大家省心省银子，不能忘记这个初心，更不能忘记我们哈工大校训。任何规格不严格或者功夫不到家，都要拿出来反省或者总结经验教训。”凭借勤奋刻苦与严谨务实的工作作风，恽惠德很快把各个施工环节的技术学习优化，过硬的质量赢得了客户，也积累并团结了大量的优质商家还有各工种的良匠。

从自己装修一套房子，从零开始，做到装修行业引领者。不得不说，这与恽惠德一贯以来的虚心努力和严谨踏实是密不可分的。

各工种严格的技术规范要求，是各种工序质量有效保障的准绳，从自己工地要求水电质量保终身，到各种毛坯房、精装房验房，再到对各种装

飞天云工作室金牌供应商表彰

修过程中或者新居使用过程中出现的疑难杂症的解决，恽惠德都是亲力亲为，视每一次求助为学习的机会。几百个新老客户每年都会为飞天云工作室带来数十个回头客户，口口相传的广告力量非常强大。两千多次验房经验以及各种求助也更大程度地开阔了恽惠德的眼界，更完善了自身的各种专业技术，使他真正成为"人无我有、人有我优"的行业领跑者。飞天云工作室的客户，都是"省心省事省银子"的受益者。由于恽惠德为人侠义、豪爽，又热情为大家解决实际问题，大家都一致尊称恽惠德为"飞老大"。一定程度上讲，在江阴本地的装修行业里，"飞老大"比真名恽惠德更响亮，装修行业里的商家有新居也非常乐意找他来装修，因为飞天云是切实为客户着想。

很多正准备装修或者已经装修过的人都会觉得头痛，因为对装修一窍不通或者天生的恐惧心理。恐慌主要来自市场上某些装修公司或者施工队伍、材料商的各种不诚信表现，人们总担心自己的装修步步惊心、处处受

飞天云工作室年会

制、样样被宰没有商量。说简单一点，自己没有规范或者要求去约束对方，更无法界定或者评判装修工艺、商家提供产品质量以及服务是否规范，面对问题往往束手无策。如何规范装修工程质量与技术标准化，一直是恽惠德思考的问题。多年从事标准化工作的经验，加上“规格严格，功夫到家”的铁训，凭借在实际装修过程中天天深入一线、多年摸爬滚打的经验，不断分析总结修整之后，恽惠德撰写了飞天云工作室《2012 年度资料汇编》，内容涵盖了选择装修公司与设计方案、验房及装修步骤，包括混凝土浇筑、敲墙、砌墙、水电、木工、瓦工、油漆工、大理石、铺地板、装木门、厨柜衣柜、墙纸、墙布、硬包、软包、楼梯、卫浴、玻璃与马赛克、楼梯、地暖、中央空调、地源热泵等各个重要环节都有详尽说明与相关技术要求。书本刊印之后，受益者众多，求之者络绎不绝。恽惠德将文本无偿分享给了广大设计师、装修公司、商家、客户以及其他有需求的人。在实际操作中再精益求精，虚心听取业内朋友提出的宝贵意见，汲取众家之长，又增进并丰富了一些内容，对原有资料汇编里相关技术要求进行严格审慎的修订，重新编写飞天云工作室《2013年度资料汇编》，此文本被很多需要装修或者学习装修的人视为宝典，相关技术内容被作为指导装修以及验收装修工程的重要依据，让很多人受益，至今仍然发挥着积极作用。

目前，飞天云工作室的业务已经涵盖高端装修设计、施工、工程咨询、验房等多种经营模式，业务覆盖沪宁线上的诸多城市。

热心公益：我们一直在路上

恽惠德从小就爱热心帮助别人，大学期间参与无偿献血，回到江阴以后也多次参与无偿献血，并一直坚持做义工，热心家乡公益事业，以义工“老飞”的名义，组织发起并参与多次对白血病患者的救助，开展对多个贫困家庭的帮扶救助工作，并长期跟踪。据无锡爱心向前走公益社负责人陆军介绍，老飞是一个资深义工，带动广大朋友、同事、家人一起来做义工，这是非常难得的，而且从不求名逐利，每年都把优秀义工的名额让给他人。

老飞，是很多敬老院的常客，每一次组织活动，他都积极挑重担，有一次去利港敬老院为老人们包馄饨，老飞驱车赶回老家，在自家的园子里收割了一百多斤青菜，提前半天送到利港敬老院，类似这样的暖心事情，老飞常常做。为老人们修剪手脚指（趾）甲也是家常便饭。老飞常常对新加入的义工朋友说“人人都要老，个个要敬老”，对老人们常常开玩笑说“你们的今天是我们的明天，为了我们的明天更美好，今天，我们来看望你们啦”。

老飞的手机里，保存着每一次组织活动去看望白血病孩子的珍贵照片。采访中，说起一个叫夏港的5岁男孩，他一度哽咽并且痛心不已。由于病情严重、加上自身免疫力不够以及家庭贫困，这个孩子的生命最终没有被挽救回来。

恽惠德对公益事业的热忱，不仅带动身边更多的朋友、同事、家人一起参与进来，还吸引了不少校友、装修公司、设计师、合作商家和客户朋友，与广大中小学生朋友不定期参与各种义工活动。江阴目前的公益活动组织数量也是全国县级市数量第一的，这与大家的无私奉献是分不开的。俗话说，众人拾柴火焰高。这支公益队伍已经成为当地一道亮丽的风景线。

陪同残障人士共登黄山

一个人做一件好事简单，难得的是一直坚持做下去，恽惠德带动女儿以及女儿的同学还有女儿同学的家长朋友们一起参与公益活动，共同奉献。谈及做好事的感受，恽惠德说："没有理由不快乐，我们要为社会积极做贡献，承担更多的社会责任，而不是一味想着索取。"早在2008年汶川地震发生以后，恽惠德也多次进到安县擂鼓镇、宝兴县等一线组织参与捐助活动。

广泛的兴趣爱好

恽惠德是理工科毕业生，他有诸多极具天赋的文学爱好，讲起古钱、铜锁、粮票、篆刻、各种常见中草药，他打开话匣子后如数家珍、滔滔不绝。说起宋钱，一般人最多知道五十六个年号，其实宋高宗赵构的儿子还有一个年号叫作明受，那么宋钱就有多达五十七个年号，各个年号通过历史故事串联起来，再与干支纪年一一对应，博学强记的能力令人咂舌。讲起宋

汶川大地震捐赠灾区

真宗与刘娥的爱情故事，引经据典，讲寇準、丁谓、曹利用，各种重点历史人物与重大历史事件、各种故事情节信手拈来。

篆刻，是一门集中了书法、章法以及刀工的美学艺术，更是先哲们留给中华民族的宝贵财富。自从高中的劳技课上接触到石头篆刻艺术，恽惠德就一直对篆刻艺术情有独钟，30年坚持学习技法，凭借深厚的书法基本功，虚心向书本求知识，向老前辈讨教，并坚持刻苦研习与刀耕不辍，恽惠德在篆刻艺术方面有独到的见解与心得，身边也有不少朋友藏有他专门制作的私章或者闲章。

恽惠德认为，古钱与篆刻本来就是老祖宗留下来的瑰宝艺术，艺术也是互通的。而宋钱品种最多，行书、楷书、篆书、草书、象形文字都曾用于宋钱的制作。随手拿起天圣元宝，就有很多个版本，这里的故事也是几天说不完的。“天”可以拆成“二人”，简单来讲就是“二圣人”，讲述的就是宋仁宗13岁即位与明肃皇太后（就是我们经常讲到的“狸猫换太子”

故事的俩主人公）在天圣年间，也就是公元 1023 年到 1032 年发生的很多故事。制作精良的宋钱还有大观通宝、崇宁重宝、政和通宝等，各种版别，令人目不暇接。当被问及为何会有这么高的见解与这么广的知识面时，恽惠德笑称，这完全是不务正业，就像现在从事的工作与原来的专业没有太多交集。原来不务正业也可以玩得这么溜，不务正业还把小小的工作室做得这么有声有色，各种业余爱好也是博采众长，独树一帜。

70 后的恽惠德，身处中国经济腾飞高速发展的时代，从装修自己的一套房子发现商机，果断辞职下海，到目前的小有成就，这些与恽惠德一直坚持的严谨求实、认真负责的工作态度不无关系。而且他居安思危，创业成功后还能够保持清醒的头脑，注重成功后的努力奋斗，积极投身公益事业，以实际行动回报社会。

（文字整理　张沪玲）

陈泱光

陈泱光，1980年出生，2000年考入哈尔滨工业大学城市规划专业，2004年获得学士学位，17年工作经历中有15年担任公司高管职务，现任江阴市京澄玻璃有限公司、江苏通达家居用品有限公司、温格润节能门窗有限公司、江苏晶瑞特环保新材料有限公司总经理。他致力于科技创新，实业报国，带领企业不断开发国际最前沿的高新技术产品，推动企业不断前行，获得社会各方认可。

勇于革新　大胆实践
助推企业高质量发展

陈泱光，1980 年 10 月出生，中共党员，高级工程师。他从小就学习成绩优秀，善于思考，中学就读于江苏省重点高中江阴南菁中学，后考入哈尔滨工业大学城市规划专业，2004 年毕业。现担任江阴市京澄玻璃有限公司、江苏通达家居用品有限公司、温格润节能门窗有限公司、江苏晶瑞特环保新材料有限公司总经理。

2004 年从哈工大毕业后，陈泱光即进入京澄玻璃有限公司工作，从普通的销售员做起，在 6 年的工作和学习中，脚踏实地，一步一步成长，于 2010 年被任命为京澄玻璃有限公司总经理。谈起企业管理和发展，他说："无论是京澄，还是通达、温格润、晶瑞特都与玻璃行业相关，通过不断地转型，不断地创新创业，不断地调整客户结构、产品结构，转变运营方式，从而实现企业发展的规范化、规模化、品牌化以及全球化。

化危为机，勇于转型

陈泱光刚进入京澄玻璃有限公司开始从事销售工作时，作为一家专业从事玻璃深加工产品、家居配套类产品的开发与生产的大型企业，京澄玻璃有限公司年产各类深加工玻璃1 000多万平方米。在销售的岗位上，陈泱光了解了国内国际客户的不同需求，并根据客户的需求，推动公司不断地开发新的产品，使京澄玻璃在行业内的影响力和知名度不断提升。

2009年，京澄玻璃有限公司发生了一件影响重大的事件。当时发给客户的产品因质量问题被召回，涉及货值达1 000多万元，最后虽通过多方面举措挽回了部分损失，但损失金额仍然达到600多万元，并且导致了客户的信任危机，业务发展降至冰点。在此大环境下，经综合考虑多方因素，2010年3月，京澄玻璃有限公司任命陈泱光接任公司总经理。陈泱光勇于担当，毅然接下了这份重担。

痛定思痛，刚上任的陈泱光意识到京澄在管理模式、经营理念、管理团队建设等方面已经不能适应发展需要，为了让企业更好发展，上任伊始，他就开始对企业进行转型。在管理方式上，从人治向法治转变，通过对企业体制的不断完善，引入信息化技术、自动化设备，一步步向现代企业管理转变。他意识到，组织架构不合理会严重阻碍企业的正常运作，他根据企业总目标——“发展观、财富观、价值观”，为实现员工、企业、社会三赢，开始了为期10年的、极其富有耐心的变革。作为决策者，陈泱光在用人方面，坚定传承母校哈工大“八百壮士”精神，他说，建校之初平均

中欧结业与老师合影（右一）

年龄27.5岁的800多名青年教师，用浓厚的家国情怀，白手起家，拼尽所有，为哈工大留下了厚重的精神财富。这种不拘一格选拔、培养青年人才的大胆尝试，陈泱光也大胆运用到企业管理中来，用人唯贤，选拔出了一批适应工作岗位的管理人才，为优化企业管理打下坚实基础。

规格严格，功夫到家

“规格严格，功夫到家”这句母校的校训一直深深地烙印在陈泱光的心中。而在产品质量管理中，正需要有这样的标准。“工欲善其事，必先利其器。”陈泱光在加大新产品、新技术研发的同时，引进国际先进的生产设备，企业拥有从美国、德国、意大利、日本、瑞士等国家引进的制镜生产线、丝网印刷/辊印生产线、中空玻璃生产线、夹层玻璃生产线、钢化玻璃生产线、镀膜玻璃生产线，以及切割、磨边、贴膜、清洗、包装机器人等配套齐全的玻璃加工设备100多台（套），综合配套能力国内领先。所生产的全系列钢化玻璃产品通过中国安全玻璃认证中心的“CCC”安全认证、美国陆地车辆安全玻璃协会的DOT认证。银镜产品通过国内外高级银镜产品认证，船用玻璃产品通过中国船级社（CCS）认证等，企业也通过了ISO 9001:2000质量管理体系认证、ISO 14001:1996环境管理体系认证和GB/T 28001—2001职业健康安全管理体系认证，获得江苏省高新技术企业和江苏省知名企业（品牌）等荣誉证书。

同时，陈泱光对客户结构、产品结构进行了调整。他说，原来的客户比较单一，通过开拓市场，客户结构从单一走向了多元化，形成了高中低金字塔形结构。产品结构从当时的OEM（原始生产商）向ODM（原始设计制造商），再向一站式总体解决方案转型。产品可广泛用于建筑、装饰、船舶、家具、机车、汽车、自动扶梯、家用电器等领域，产品除畅销国内市场外，还远销美国、澳大利亚、新西兰、英国、荷兰、挪威、德国、瑞士、南非、日本、新加坡等近 20 个国家和地区。日本松下公司、夏普公司，欧洲宜家公司等国际知名公司，都和京澄玻璃有限公司建有长年合作、定点生产关系。

优化结构，裂变发展

在京澄玻璃有限公司快速发展的同时，陈泱光开始谋求再次创业。他说，京澄玻璃在玻璃生产领域优势明显，如何利用这一优势，打通产品的上下游关系，是他一直在思考的问题。通过中外合作团队，京澄玻璃于 2012 年投资 5 000 万元创建了温格润节能门窗有限公司（原绿胜节能门窗有限公司），新的公司从立项开始，外国专家就全程参与；后来又投资 1 亿多元，建设了江苏通达家居用品有限公司新厂区。通过加强与客户的合作，组团发展，打造以玻璃制造为核心的“航空母舰”，实现了企业的裂变式发展。

技术交流会与客户合影（左一）

在引进欧洲管理人才的同时，温格润节能门窗有限公司严把原料品质关，从对供应商的选择、评估及管理到原料进场时的严格检测及不合格原料的排除，在源头上为最终的成品排除瑕疵因素。设计并定制高效自动化的生产线，选用最优质的原料，执行欧洲最高生产标准，严格进行质量把控，确保产品不仅品质高端、外形美观，且节能性能稳定可靠。位于欧洲与中国的销售部门能及时满足多地不同的项目需求，位于中国的制造基地能有效控制生产成本。温格润节能门窗有限公司由于技术先进、品质高端，能最大程度地兼顾全球用户的性价比要求。

陈泱光说，创建温格润节能门窗、建设通达新厂，以及致力于废玻璃资源再生处理技术研究和推广应用的晶瑞特环保新材料有限公司，都为企业今后发展注入了新的活力。今后将继续做好资产运营和资本运作，推动企业转型发展、创新发展。

在推动企业发展的同时，陈泱光一直热心社会公益事业。无论是汶川地震、西南干旱等自然灾害还是顾山镇当地新建中学、小学、卫生院，他总是迅速以各种方式提供援助，包括在2020年的新冠疫情期间，他也率先为村集体捐赠抗疫资金。多年来，他已累计为社会捐款捐物数百万元。

作为一名哈工大人，陈泱光在自己的岗位上兢兢业业、勇于革新、大胆实践，助推企业高质量发展，同时谱写出新时代的奋斗篇章。

（文字整理　张沪玲）

赵泽顺

赵泽顺，1980年出生于云南省昭通市，2000年考入哈尔滨工业大学电气工程学院测控技术与仪器专业。2004年取得学士学位，2008年开始自主创业，至2019年前主要从事新能源方面的产品开发。2018年创立无锡热能在线科技有限公司，从事工业物联网的研发与市场服务，专注于暖通物联网大数据平台的建设，面向国内数千家暖通设备生产商及数万家系统集成商，为其提供从智能硬件到物联网云平台及运维服务等一站式解决方案。

脚踏实地 仰望星空

“要走出这穷山沟，读书是唯一的出路。”

那时的赵泽顺从不敢忘记这句话。

赵泽顺出生在云南省东北部的一个小山村，环围的大山让他比任何人都更加向往远方，而大山另一边的遥远世界向这个穷苦人家的孩子只敞开了一扇大门——高考。十年寒窗，壮志凌云，他已有了想去的远方，他将一所离家很遥远的大学——哈尔滨工业大学写在了志愿表上。

赵泽顺被哈工大电气工程学院测控技术与仪器专业录取，为了不再给不富裕的家中增添负担，他将学习之外的时间都用来勤工俭学，给自己赚取大学四年的生活费。每到大学新生入学时间，他就会排出各个大学开学的时间表，在每个学校开学前一两天去批发市场批发一些生活用品，比如电话卡、拖鞋、衣挂、剃须刀、脸盆等，在学校门口摆个几米长的摊位售卖；开学以后，他就转去批发各种英语书、牛津词典、高数习题解答之类的资料卖给需要的同学。他刚来东北时，很担心在饮食上会不太习惯，还要仔细计算生活的开销，但哈工大食堂比较多，满足了来自全国各地学生的餐饮习惯以及各种经济条件的学生用餐。

大学的四年，因为家庭的原因，很多时间他都用于勤工俭学了，有着不同于其他同学的特殊体验，也曾遗憾自己没有在学习上更进一步，但“规格严格，功夫到家”的校训却让他一直铭记至今，这也成了他后来在创业路上的指导方针。

2004 年，赵泽顺完成学业参加工作，两年后的一个工作机会让他来到了无锡。这座城市让他不仅感受到了人文和宜居，更有着良好的创业环境。2008 年，赵泽顺开始自主创业，前十年主要从事新能源方面的产品开发。2018 年，他创立无锡热能在线科技有限公司，开始从事工业物联网的研发与市场服务，专门进行暖通物联网大数据平台的建设，面向国内数千家暖通设备生产商及数万家系统集成商，为他们提供从智能硬件到物联网云平台及运维服务等一站式解决方案。

马云曾经说，“今天很残酷，明天更残酷，后天很美好，但是大多

团队合影

数人死在明天晚上，看不到后天的太阳”，赵泽顺对这句话有着最深刻的体会。几乎所有创业公司可能遇到的问题他都遇到过，比如资金、人才、产品、市场等，而且这些困难好像永无尽头。创业过程中资金紧张是最常见的事情，在他创业的前两三年，生产经营过程中经常会碰到捉襟见肘的情况：销售出去的产品没有及时回款，新的订单又要按时备货，同时每个月又要准时发工资，导致资金无法周转，最后别无他法，他只好用自己和家人的信用卡套现来发工资和买物料，导致信用卡经常出现逾期无法还上的情况，以至于后来买房时，一度因为信用问题而无法办理贷款。几年后公司经济好转，他还清了各项费用并注销了所有的信用卡。

即便如此，赵泽顺觉得在创业的过程中也有着很多的乐趣。这些乐趣在于当看似某个事情不可能完成时，通过全力以赴的努力，很多

工作中的赵泽顺

时候事情总会出现转机，甚至结果比预期的还要好，这个时候便会有一种创业的满足感。也正是因此，他认为在创业过程中除了要拥有面对困难的勇气，更要学会坚持，学会变通思路，这些都是创业过程中必不可少的要素。

艰苦奋斗、务实创新、坚持不懈——赵泽顺选择用这三个词形容自己。出身于贫苦家庭，自小吃苦长大，对他有着最为深刻的影响，不管是大学期间，还是创业期间，即使再大的困难他也能坦然面对。在母校的学习，改变了他的思维方式，使他拓宽了视野，学会了独立于世的处事方法，而勤工俭学的经历，也教会了他面对困难依然不失去生活的勇气。难忘校园时光的赵泽顺，更感念无论走到何地都有校友的特殊情谊，现在赵泽顺的公司就是和校友一起创办的，哈工大人相近的思维方式、过硬的知识基础和务实的工作态度，让他与校友的

赵泽顺（左一）与合作伙伴

合作一直延续至今。

他常常对自己说：“要能够脚踏实地，也要抬头仰望天空。”是踏实的学习和勇敢的畅想，带他走出了大山，他也坚信在创业的道路上，要用务实的工作态度和方法夯实根基，也要用创新的思维从竞争中突围而出，最终优质的产品和服务一定可以为公司赢得市场。来到无锡生活了 14 年，也是赵泽顺创业的第 12 个年头，谈起未来，他说：“希望自己还能继续做想做的事情，留下一个我认为重要且永久的痕迹，那么生命也就没什么遗憾了。”

（文字整理　王琳月）

王俊涛

王俊涛，男，1974年4月出生，黑龙江人，副教授，毕业于哈尔滨工业大学。华飞航空发展集团（江苏）有限公司总裁、执行董事。在航空领域脚踏实地地服务20多年。根植于当地航空活动，与行业发展前沿同步，对中国航空产业及通用航空的发展有着深刻的洞察力及理解。曾在部队及地方高等院校任职，在空军服役、任教14年，大学任教6年。目前为华飞航空及太湖通航主要创始人、民航高级地面教员。无锡高新区科技创业领军人才。获改革开放四十年“无锡旅游创业新锐人物”称号。

航空逐梦人

人生就像一架飞机，在起飞中完善自我，在降落中沉淀自我，偶尔会遇到狂风暴雨，但只要技能过硬、把握好方向，就能冲破云层，看到炫彩的霞光。在哈工大的求学生涯，一直是我人生中最难忘的时光，我正是从这里出发，一步步地迈向航空的大舞台，演绎出最精彩的华章。

2003 年 9 月，还在部队的我怀揣着对国防事业的热爱之心来到哈工大航天学院导航制导与控制专业进行研究生阶段的学习，酷爱航空的我在这里得到了技能上的锻炼、知识上的升华，为我今后从事航空业打下了良好的基础。从哈工大毕业后，我背负着母校的期盼和祝愿到沈阳航空航天大学任教，组建了飞行技术专业，在核心期刊上顺利地发表了

2005 届航天学院控制科学与工程学科毕业照（四排右十）

在沈阳航空航天大学任教

多篇论文，申请了自然科学基金，并被评为副教授。

2012 年，我来到素有“太湖明珠”美誉的城市——无锡，至今已 8 年有余。一直以来，我都怀揣着“艰苦奋斗、通过创业来实现个人价值并奉献社会”的初心，并且一直以哈工大的校训“规格严格，功夫到家”来鞭策自己。最初我和多个哈工大校友、部队退伍的战友合伙，在与国外航校、航空公司开展民航专业培训的基础上，成立了内资公司无锡华飞航空技术有限公司，由航空培训向航空技术（飞行仿真技术）延伸。在无锡当地政府政策的大力支持下，我先后成立华飞航空发展集团有限公司及多家子公司，并任职集团总裁及执行董事。

华飞航空发展集团（江苏）有限公司（简称华飞航空集团）现已发展成为以通航运营、航空教育、仿真科技、飞行俱乐部为主营业务的综合性企业。其中太湖通航为无锡市首家直升机运营企业，并在无锡常态运营，西双版纳首家运营；太湖飞行俱乐部为无锡市交通旅游示范基地，并建成无锡首家 B 类机场。集团先后获得“无锡市高新技术企业认定”，为中国高新技术产业协会理事单位，无锡市创业领军人才单位；同时也

在华飞航空集团办公室

是中国民航科普基金会科普教育基地、无锡市交通运输旅游示范基地、无锡市科普教育基地；为更好地面向国防军工单位及民用航空客户，形成完善的相关产品解决方案，将原华飞技术公司变更为光电科技公司。将在国防科技、信息系统集成、大数据、网络在线学习、人工智能、智能视频及机器视觉等技术方向深入开发，引进尖端人才，增加技术内涵。

在企业规模不断扩大的同时，我也一直将哈工大的校训“规格严格，功夫到家”践行到自己的生活态度和工作基调中，并将这种工作基调带入企业之中，成为企业员工在工作中的一种信仰。正所谓生活要有态度，工作要有信仰，无论企业发展到哪一步，都要时刻地践行这种哈工大人的精神。

在企业运营过程中，也遇到过许多困难，2020 年年初的新冠疫情就是对各行各业的一次考验，虽然我们企业也受到了较大的波及，但是我们挺过来了。无论是大环境改变，还是经济波动，对于一个企业来说都要做到未雨绸缪，万众一心。这样的企业才会更有发展，才会走得更高更远。

对于哈工大人的身份，我总是引以为傲的，人总是被贴上标签，而我的标签就是“哈工大人”，路漫漫其修远兮，吾将上下而求索。创业很艰辛，我也总结了一些企业经验，“第一，要成为一颗优秀的种子，这样才有长成参天大树的潜力；第二，见贤思齐焉，见不贤而内自省也；第三，精诚所至、金石为开；第四，命运总是把机会留给有准备的人；第五，要与时俱进，根据社会不同阶段适时调整发展策略；第六，要采用高效合理的管理模式，因时、因地、因人而灵活调整。创业和人生其实有很多相通之处，一窍通则百窍通”。

飞行俱乐部中与同事合影（右一）

对于年轻人来说，哈工大是一座优秀的学府，就像校训所示，哈工大培养出来的都是实干家，但更多的是时代的弄潮儿，我们要脚踏实地，也要仰望星空！

（文字整理　李伟）

王　瑞

HARBIN INSTITUTE OF TECHNOLOGY

王瑞，1984年出生于陕北，2004年考入哈尔滨工业大学航天学院自动化专业，2008年取得工学学士学位，同年进入香港科技大学攻读硕士学位，2010年取得机械工程学硕士学位。先后就职于至卓飞高线路板（香港）有限公司、中国科学院物联网研究发展中心。2019年，作为创始人创立中科瑞丽分离科技无锡有限公司，担任总经理。

校友——我心中永远温暖的名字

“棒打狍子瓢舀鱼，野鸡飞到饭锅里”，在小学课文《可爱的草塘》里读到的这句话，是生长在陕北的王瑞对东北极富画面感的初印象。而再一次与东北相遇是在高校的招生宣传栏中，一张海报上有一座俄式风格的建筑，屹立于雪国之中，沉默而庄严，瞬间满足了王瑞对学术殿堂的一切美好想象。怀着对北国的好奇与向往，王瑞在第一志愿上只写下了一所大学的名字——哈尔滨工业大学。

考入航天学院自动化专业的王瑞，开始了无忧无虑的大学生活，往返于教室、食堂和宿舍，在课间休息时，听教自控原理的王彤老师放笛声乐曲，王瑞这样回忆道：“如果不是大三的一场大病，我可能还是一个对人生几乎完全无知的莽撞少年。”大三的秋季学期刚开始不久，他忽觉右侧膝关节不适，在校医院整整 15 天发烧不止，为了找到病因几乎所有的检查都做了：结核类、肿瘤类、细菌感染类……为了化验取样，大夫用一根 3 mm 粗的针头，从他右膝关节肿胀位置抽出了两大管积液，王瑞至今忆起这个场景依然心有余悸。最后医生诊断病症为反应性关节炎，需要立即转院。从哈工大医院转入哈尔滨医科大学第二附属医院，王瑞又躺了 15 天才终于退烧，右腿关节也终于有所好转，在大三开学一个多月后，终于回到了学校。

这段日子让王瑞最感动的，是同学的情谊和东北人的温暖。从住院第一天起，他的同学李石磊和耿博便开始轮流照顾他，王瑞回忆道：“只要是空闲时间他俩就跑到病房陪我聊天，甚至因为我的病情迟迟不见好转，他们反复跑到主治大夫那儿询问。不是他们的争取，我可能就不会那么快被转院治疗。”除了同学，王瑞还得到了来自更多人的关爱。一位母亲在看护自己生病的孩子之余，会给卧床的王瑞洗头发；一个小伙子病友，每天输液后都会跑出去买各样的小吃，偷偷地塞给他；宿舍的阿姨见他行动不便，特地借了一副拐杖送来，还主动帮忙打扫他的宿舍。王瑞每每回想那段艰难时日的点滴温情，和那时腼腆的自己也许未说出口的千万感谢，

在校期间与同学合影（左二）

总是心头一暖，眼角泛红。

硕士毕业照

一直体格强壮的自己，从初感不适，到躺在病床上完全动弹不得，只发生在一周的时间内，而自己的体重从75公斤降到了62公斤，也只用了15天。这次经历，让王瑞体会到了生命的脆弱，从此改变了他对人生的很多理解。出院后，因为自己的身体状态等原因，王瑞觉得课业的压力越来越大，虽然余下两年的专业课没有一门不及格，但他已感到了自己状态的勉强，开始重新思考对专业的选择。他记得在上机械学原理时老师曾说过："机电结合，非常了不得。"所以在硕士专业的申请中，他选择了更感兴趣的机械工程专业。

2011年，从香港科技大学毕业后不久，王瑞开始在自己颇感兴趣的物联网领域发展。在一位哈工大校友的邀请下，他选择离开香港来到无锡。而在来到无锡之前，他甚至都没有听说过这个地方，就是因为校友的几句话，便只身赴约。也许是在学校受到同学、老师甚至陌生人照顾的经历，王瑞一直感到对于校友的信任是埋藏在自己骨子里的。

2019年，王瑞与校友和同事，创立中科瑞丽分离科技无锡有限公司。

长期从事中国科学院科技成果产业化工作的王瑞，在公司经营项目上具有很多经验，但在团队组建与市场开拓上的空白却成为他最大的挑战。无锡的哈工大校友在此期间施以援手，帮助他解决了创业初期的诸多问题。现在，中科瑞丽分离科技无锡有限公司的股东中就有 5 位哈工大校友，公司一直秉持哈工大高规格、严要求的作风，大学培养了王瑞坚强的性格与顽强的意志，让他能够更加无惧未知，带领企业大胆创新，王瑞说："是哈工大的实干精神，支撑企业从空白走向充实，从初创走向强大。"

工作中的王瑞

从 10 年前来到无锡的孑然一身，到今天拥有了事业和家庭，王瑞对自己而立之年后的未来还有更多的期许。他希望能找到更多志同道合的伙伴，将影响力散布到更多的地区，把企业做得更大、更强、更好。而直到现在，王瑞只要听到合作对象是哈工大校友，内心的第一感受便是办事靠谱，天然地就有着一份信任。王瑞坦言，在当下激烈的市场竞争环境中，信任的成本是极高的，所以"哈工大"这个牢固的纽带就更显得可贵。他希望随着企业的壮大，能和校友有更多的合作与互动，王瑞一直畅想"与校友共叙在校的青春时光，同时彼此互利共赢，共同实现人生梦想，这是一件何等的乐事”。

每次王瑞因工作关系回到哈尔滨，总会回到学校走走，走过记忆中的主楼、宿舍和食堂，寻找和感慨着校园的变化，同时也寻找和感受着，那些在母校和自己身上一直不曾改变的。

（文字整理　王琳月）

李文斌

李文斌，1984年出生于江苏省沭阳县，2006年，考入哈尔滨工业大学光学专业，2008年取得硕士学位。先后就职于聚光科技股份有限公司、波汇通信科技有限公司、江苏欧讯能源科技有限公司。2016年，创立无锡瑞辰光谱测控有限公司，担任总经理。

转动命运的勺子

当被问起在哈工大求学期间什么最令自己难忘时，李文斌回忆起的除了谆谆教诲的师长、感情至深的同学和紧张的课业，就是那把在餐桌上转动的勺子。

李文斌硕士期间的研究方向是光学，他所在的教研组研究工作非常多，他和同学、老师常常是一连几天驻扎在研究室，开展自己课题研究的同时，还经常聚在一起开会讨论，激烈地进行思维碰撞和头脑风暴，常常是讨论到深夜仍然意犹未尽，每到这时，李文斌的导师刘树田老师就会带着大家出去饱餐一顿。这群头脑极度兴奋却早已饥肠辘辘的年轻人，吃起饭来自然是风卷残云，下一道菜还来不及上桌，桌上的菜饭就已经所剩无几。刘老师跟学生们在餐桌上一直坚持一个特别的习惯——彻底的光盘行动，而执行的方法就是转勺子，不管盘中依然有肉可寻，还是只剩两粒辣椒，被勺子指到的人就要将光盘行动进行下去，老师们也绝不例外，直到所有的食物被清扫一空。

时至今日李文斌还常常回忆起那段时光，不仅因为这种“极致吃法”让自己再未能恢复往日的“窈窕”身材，还因为那把勺子好像从未在他的生命里停止转动。

“一个学习很差的孩子”，李文斌这样形容中学时期的自己，高一的时候他在班级中并不出众，但是却非常喜欢学物理，他了解到哈工大的理工科非常厉害，便暗暗下定决心考上大学专心研究物理。他在高中的后两年成绩不断提升，高考时物理更是拿到了满分的成绩，但偏科严重的他还是没能如愿考上哈工大。这次与哈工大的失之交臂，像是在勺子的转盘上被错失的佳肴，李文斌却不甘轻易放弃。大学期间的他仍然坚持物理专业的学习，研究生考试再次以哈工大为目标。李文斌回忆那一年复试的科目非常难，还包含关于相对论的阐释问题，但是他还是拿到了几乎满分的成绩，圆了自己的哈工大梦。

研究生考试的优秀成绩，让他得到了老师们的关注，有导师想邀请他加入粒子学科的研究团队，但李文斌却早已钟情于光学研究，而光学也成为他直到现在仍旧在全身心投入的事业。毕业后的第二年，李文斌随公司新业务来到无锡，很快便融入了哈工大无锡校友会的大家庭中，在活动中认识了很多企业家前辈和创业校友。他深刻地记得刘礼华会长常常强调校友会要发挥“造血”功能，时任秘书长吕乃昌校友定期组织大家分享创业故事，这些给当时还是一名研发工程师的他埋下了一颗种子，他感到命运的勺子又开始了转动，缓慢却势不可挡。他开始琢磨用自己所学做些什么，他有时会把自己的想法说给杜文建师兄，常常收到杜师兄“可

在校期间留影

以做做看，我觉得你的想法很好”的鼓励；刘珍峰师兄常常与他讨论产品设计与开发，从宏观到细节无所不谈，渐渐使他开阔了思路，也明确了路线；杖国之年仍在创业的周俊瑞师兄，也给了他有力的支持，将自己的经验倾囊相授，还亲自帮助他完成了公司的注册。2016 年 1 月 26 日，无锡瑞辰光谱测控有限公司正式成立。李文斌担任公司总经理，全面执掌公司运营的同时，带领技术团队深耕光学领域，已先后开发出高光谱成像滤波器、智能调光眼镜、智能变色眼镜等多款产品，对标医疗、生物、人脸识别、皮肤质量等相关领域的应用和发展。虽然公司成立仅四年，但全自主研制品牌“安必镜”的智能调光眼镜和变色眼镜已经开发到了第三代，技术指标已领先国内外产品。李文斌希望将“安必镜”打造成国内第一调光品牌，并进一步向更广阔的领域发展。李文斌坦言创业开始至今，困难一直存在，但是这何尝不是一个追寻者的人生常态。每次遇到困难，他都会想起餐桌上的那只勺子，他相信只要有足够的耐心和毅力，不断地突破与坚持，难关总会被各个击破。

带着“安必镜”的周俊瑞师兄

公司成立后，与校友的交流与合作变得更为密切。一次李文斌正在寻找镜片的制造合作商，与一家公司对接时了解到对方公司的技术总工就是哈工大毕业的校友，李文斌直接与校友取得了联系，两家公司一拍即合，一直合作至今。李文斌说：“是哈工大人共有的理性、客观、追求真知和保持好奇，让彼此拥有了信任的纽带。”而他有时又觉得自己身上的感性似乎更多一些，愿意相信他人的善意，容易被触动和感动。但是为了避免自己在需要严谨行事的工作中过于感性，他在办公室挂了两幅字：一幅写着“一切皆为场，不可论断人”，提醒自己用心做事、用心做人；而另一幅则写着 “规格严格，功夫到家”，时刻用母校的校训提醒自己做研究、搞研发、做产品应保持的专业态度与踏实本心。

从母校毕业已十年有余，李文斌又回了一趟母校。这一次与前几次不同，

第一次做展会向客户介绍产品（左一）

家人合照

他带着自己的妻子和儿子一起回到校园，回到熟悉的教室和宿舍，给儿子看母校百年校史的辉煌与骄傲，带着家人一同品尝自己记忆中风味浓厚的东北菜肴。2019 年，他和妻子迎来了自己小女儿的降生，公司的发展也将步入新的台阶。命运的勺子依然在转动，不管下一次指向的是一粒辛爽的辣椒，还是一颗甜美的糖果，李文斌说，他都会愉快地咬上一口。

（文字整理　王琳月）

杨 恺

杨恺，高级工程师，哈尔滨工业大学化工学院2011届博士毕业生，2012年进入南开大学电光学院博士后工作站，2015年期满出站。现任无锡海特圣大光电材料科技有限公司总经理，苏州双格新材料科技有限公司董事长/总经理，辽宁海特新材料有限公司总经理，长期致力于光伏级、电子级晶体硅及紫外光固化新材料的制备与产业化研究。

人生可以有不同的活法

莫道桑榆晚，为霞尚满天

我去哈工大读书时年纪已经比较大了，我担任了9年高中化学的老师，然后去考了哈工大的硕士。

其实我在高中教书也挺好的。我在高中教书的时候，带的都是重点班的学生，一年考上清华、北大的能有好几个。在高中当老师是很累的，早上6点钟起来，跟学生上早操，上早自习，上课，晚上还要看晚自习，下晚自习以后到家都10点多了，一年如是，天天如此。星期六还要补课，星期天上午看自习，一个星期只有半天休息，然后在一些节假日和寒暑假还要补课。我感觉这生活和我50岁以后的生活是一样的，倒也不是说枯燥无味和很累，就是觉得没有生气和激情。那时候我的同学也有人在哈工大读博士，并且已经读完留校当老师了，我就想我也来读一个硕士、博士，突破一下自己，于是我就考了哈工大的硕士。当得知我要离开学校时，校长对我说："你别走了，下一步我们提你做教导处副主任，你还年轻。"但我还是婉拒了校长的美意。

面试后老师们对我印象都挺好的，我面试分数很高。去哈工大读书，目标很明确，我就是奔着读博士去的，这个过程可能需要3～5年，所以当我去哈尔滨时也把我的爱人和孩子一起带了过去。

在主楼后小花园，和怀孕七个月的妻子

千淘万漉虽辛苦，吹尽狂沙始到金

现在想来，在哈工大读硕士、博士的日子是很艰苦的。刚开始读博时我的第一个孩子正在读小学二年级。那时候我在哈尔滨贵新街那边租的房子，一个月房租就是450元，可我一个月补贴才230元。去哈尔滨时我也没什么积蓄，后来我爱人去超市打工，一个月挣400元。我的导师通过课题组管账的同学另外又偷偷地给我多发200元钱，我爱人限定我儿子一个星期只有2元的零用钱。有时候大家好不容易一块聚个餐，导师会故意多点几个肉食品，比如酱排骨，那个很好吃也很贵，我们自己肯定舍不得买的，吃不完的时候老师总让我打包带回来，我心里十分感激我的导师。

不仅生活艰苦，在科研中我也经历了很多艰险。读完硕士后，到2008年，我继续跟着导师在化工学院攻读博士，我们的课题是科技部“863”课题支撑计划，主要是制备硅烷气体。我做的这个是危险性的课题，又属于保密性的，所以只能自己去搞。我当时在哈工大理学楼5楼实验室做小实验的时候，同实验室的人都吓得跑出去了，他们都怕爆炸。有一次真发生了一次事故，刚开始实验时，由于没注意，我加的原料有一点泄漏了，于是我就用抹布把它抹干净，不过房间里已经挥发出来很多气体，屋里浓雾很大，于是我就赶紧把窗户全部打开，但是理学楼的楼里通风很不好，雾久久都没有散开。是我整体操作的实验，操作完我感觉没问题，但第二天早上睡醒后我的眼睛就睁不开了，眼部红肿，已经失明了，当时我心里就觉得完了，我可能要成为残疾人了。直到后来我爱人把我送到医院去打了点滴，副导师又带我到哈尔滨医科大学附属第一医院做了仔细检查，进行治疗，视力

课题组在松峰山，第一排左四为导师杨春晖。我当时在无锡做课题，没能参加课题组活动

才稍稍恢复了一点，但是仍然有散光，我对这件事印象十分深刻。

在哈工大做实验赶得很紧，也没有寒暑假和星期天，一年忙到头，基本没怎么休息过。2008 年那年的春节我就是在哈尔滨过的，年三十上午我还在做实验，下午三点多去导师家，晚上我们一家就在导师家过年了，导师家里有两个学生，有个女生年纪也比较大，她带着爱人和儿子，她这一家和我这一家都在导师家里过的年。

不过当研究成果出来的时候，这些艰辛都是值得的。当时硅烷气体制备技术最厉害的是浙江大学，但他们最多只能将纯度做到五个九（99.999%），我们后来把硅烷产品纯度提高了一个九，做到了六个九（99.9999%），纯度提升十倍，这是很不容易的。

百尺竿头须进步，十方世界是全身

我读博士时就开始逐渐把硅烷气体制备这个课题产业化，当时我们谈了几个中试合作的厂家，但方向都不太合适。当时无锡惠山区玉祁镇有家企业做多晶硅，由于专业比较对口，我们就跟它合作，于是 2009 年 4 月我来到无锡，开始进行产品的中试实验。

我在公司的厂里进行中试实验的时候，从开始到中试成功并不是很顺利，出过几次比较严重的事故。因为硅烷气体制备从小试开始就是由我来设计的，小试是几个茶杯的量，但是中试就都是几百千克到几吨的量了。等到我们做中试的时候，那个反应罐几立方米，气体缓冲罐两个立方米，有一次我把原料加进去以后，加催化剂的管道堵了，要赶快将反应釜中的料放入能装 200 千克的桶里去，但是那时候已经开始有少量反应了，桶慢慢鼓了起来，桶里面的硅烷气体一遇到空气就着火，弄不好还会爆炸。正在着急的时候，我同学把桶从屋里拉到外面去，我赶紧打开桶盖泄压，一打开火就蹿出来了，蹿到五六米高，我们就用水枪浇。那时候我是主要负责人，别的工人也不懂，于是我就一个人冲在前面浇水救火，控制火势，一心想着不能让它爆炸，因为离得近，我手腕上硬是烤出了个大泡，直到现在还有痕迹。还有在做硅烷提纯的时候，我们把液态的硅烷装在钢瓶里，钢瓶里 100 多千克的压力，但那个连接瓶阀的阀门坏了，硅烷气体一下子蹿起来就着火了，我那个同学挺胆大，他去另外找了个阀门，戴着手套，赶上去换了，问题才解决了。如果当时直接跑开，可能会出现爆炸。

在厂里我把自己的工作量完成之后，还承担了与美国公司合作的工作。美国有个教授做薄膜太阳能电池，原料就是硅烷气体，由于我比较了解硅烷气体，我就作为项目的总经理助理代表公司跟他们谈判，交流技术引进和合作的一些事。虽然后来没有做成功，但是通过跟他们交流以后，我拓宽了视野，以前我做研究很少接触外面，跟他们接触了以后增加了其他方面的专业知识。

博士学位授予典礼，左一为王树国校长，右一为化工学院副院长尹鸽萍教授

中试成功后我便开始积极筹备做生产线，为建厂做准备。然而就在顺利地申请到土地，完成了设备设计图纸，准备开始投钱订购设备

的时候，整个市场行情开始下滑，特别是多晶硅行业，产能过剩导致价格一下子就跌了下来，一时间好多公司先后倒闭，建厂的事情便随之搁置了。

山重水复疑无路，柳暗花明又一村

2012 年 5 月，我进入南开大学电光学院的博士后工作站，考虑到课题的复杂性和危险性，依然选择在无锡进行研究和试验，正是在此期间出现了新的机会。

做课题期间回校的照片

一个朋友引荐我去宜兴艾伦·黑格研究院兼任副院长，负责项目配套和学术对接，这个研究院是引进诺贝尔奖获得者艾伦·黑格教授而成立的。在此期间有一个紫外光固化剂的课题，所用到的原材料被日本企业垄断了几十年，我觉得自主研制是有把握的，在跟无锡校友会刘会长交流讨论后，也得到了他积极的支持。2014年5月，海特圣大光电材料科技有限公司成立，从此我便走上了创业的道路。

创业确实艰难，要是没有朋友的支持，我估计现在公司早黄了。其实刚开始还是很顺利的，到当年10月，我那个小试产品就出来了，给宜兴的艾伦·黑格研究院使用，用得很好，我给其他厂家用，也很好，这时候就准备找地方扩大生产，但是一直找不到地方。

2015年3月，在堰桥工业园内一家化工厂里进行核心步骤关键技术的放大实验，由于在加料时，3个研发人员在加料之前没有严格执行操作规范，没有戴好防毒面罩，加错了料，剧烈反应后，发生了喷料，3个人不同程度地吸入了原料。上午十点多加错的料，下午三点左右，3个人都有不同程度的咳嗽，我感到事情不对，心里发慌，带他们去无锡市人民医院急诊室，医生一看症状，立刻紧张起来，拍片、验血、输液，其中，两个研发人员陈工和李工立即住进了ICU监护病房，上氧气面罩。拍片结果很快出来了，其中最严重的是陈工，医院下达了病危通知单。李工也很危急。他们的家人在夜里十二点之前都赶到了。医生说，大陆没有这种原料中毒的案例，仅在台湾10年前有过一次这种中毒事件，中毒的几个人最后都死了。据介绍，无锡市人民医院肺病专科是国内最权威、水平最高的专科，医生预判说，第二天早上8点，陈工有可能挺不过去，李工能脱离危险的希望也很小。陈工25岁，南京理工大学化学专业毕业，是家里的独子，婚房已经买好了，准备十一假期结婚。李工24岁，还没有女朋友，是我爱人的侄儿。陈工的父母来了，在医院ICU病房外站着，不说也不闹，就是默默地不停流泪，看得我心都碎了！此刻，我真希望躺在里面的人是我。深夜，我坐在人民医院门前的台阶上，深深地自责、后悔！如何面对他俩的父母啊，我会自责一生！按照要求，放大实验是要报批的，我没有报批，他们死了，我估计要被判刑了，我感到，一切都完了！

一夜无眠，紧张地等到早上七八点钟，并没有传来陈工的噩耗，但是，医生说，肺部腐蚀水肿还在扩大，没有减缓，中毒20个小时的时候，医生说陈工需要切管上呼吸机，征求家人意见、签字。陈工爸爸说，孩子要走了，留个全尸吧，不要再割一个口子了！24个小时，28个小时，32个小时……这样艰难地等待着、煎熬着，竟然没有传来陈工的噩耗！中毒36个小时以后，科室又从南京请来一位专家会诊，会诊后说，陈工病情暂时是控制住了；李工后来病情发展得比陈工还严重，好在48小时以后，也慢慢地控制住了。但是，医生说可能会有后遗症，痊愈的可能性很小。就这样，两个工程师在ICU病房住了25天才出来，在医院又住了半个多月才出院，两个月以后去复查，3个月以后去复查，5个月以后去复查，最后，两个人竟然都痊愈了！

他们出院以后，很长时间都不敢去操作实验，我自己动手，配料、反应、提纯，总算在2015年10月完成了核心技术的放大实验。2015年底，开始找厂家，准备进行全工艺流程的真正放大的中试。2016年我们找到了涟水的一家公司，租了他们的场地，做了一年半，到2018年2月，产品的中试做完了，市场销售很好。

2017年元月某一个夜晚，凌晨两点多，看到清澈透亮的产品从设备中平稳流淌出来的时候，我激动地走出车间，零下十多摄氏度的苏北深冬的夜晚，清冷的月亮是那么亮，星星是那么远，夜空是那么高啊！我深深吸一口冷气，有点哽咽。

后来，客户大量订单来了的时候，跟中试的厂家谈合作扩大建厂，由于价格原因没谈成。我们只好重新找地方，后来找到南京江北新区、张家港和辽宁盘锦市，也成立了两个公司。无锡公司这一块我是2015年之前进行的融资，然后在涟水把产品做了出来。但是经过这两年的投入，资金快要耗尽了。还好2017年，我在无锡拿到了惠山区政府的“先锋英才”项目，2018年我拿到了无锡市“太湖人才”项目，这样积累了一些资金，正好有个过渡时间，撑了过来。在 2019 年，我还参加了张家港市的领军创业人才大赛，获得了优胜奖，于是我就在张家港成立了一家公司，跟当地企业合作，然后利用那边现有的厂房、设备申报项目。项目已经立项，正在办理各种证件，计划 2021 年 8—9 月投产。

我们在找场地的时候，江苏省产业技术研究院的刘庆院长对我的产品很感兴趣，他非常支持我，让我加入了四川大学高分子所，在研究所我申请评上了江苏省产业技术研究院集萃研究员，这样就相当于给我提供了一个平台，可以得到政府的一些支持。2020 年 5 月我们想在江北新区和四川大学高分子所的共同努力下打造一个上市公司，当时进行了融资谈判，这是个很漫长的过程，但这个项目最终没有谈成。辽宁省盘锦市正在打造国际精细化工产业园区，化工工业基础雄厚，技术工人专业水平高，盘锦市和无锡市是经济友好互助城市，我们在盘锦精细化工产业园区也成立了一家系列产品原材料的生产公司。时任盘锦市委书记是哈工大的校友，也多次接见了我，给了我很大鼓励。2019 年，我入选了辽宁省“兴辽英才计划”。这几年多亏有了这些哈工大校友、这帮朋友、这些领导才做起事情来，要是我一个人绝对做不起来。

欲穷大地三千界，须上高峰八百盘

回顾这一路走来，我在厂里做那些中试实验时，还是一个技术员，做电子级多晶硅也最多算是一个工程师，我只不过是出面来负责这个项目。到了创业时，需要会的东西更多。除了要把技术做好、产品质量做优之外，还要和投资人处理好关系，让他们相信你这个技术可行，有前景，要让他们理解你没做成功是有原因的，比如说 2019 年我们本来可以拿到江北的土地，公司是可以成立的，但是碰到了一个突发事件，整个项目直接封着不动了，直到 2020 年元月，土地才批给我们。这时候我就得跟股东们沟通，